中世思想研究
60

〈特集〉
中世における原罪論の諸相 I
——教父の聖書解釈を中心に——

中世哲学会編

2018

目　　次

『中世思想研究』の還暦によせて……………………………川添　信介　1

論　文

新プラトン主義思想の「自己存立」概念と『純粋善について
　（原因論）』による受容………………………………………西村　洋平　5
トマス・アクィナスにおけるアナロギアと比喩……………内山真莉子　21
トマス・アクィナスにおける永劫の問題……………………菅原　領二　35
『命題論』註解史の中のコプラと現実性
　――ボエティウスからスコトゥスまで――……………古舘　恵介　51
クザーヌスの『知ある無知』における二つの「否定神学」……島田　勝巳　65

特　集

中世における原罪論の諸相 Ⅰ
――教父の聖書解釈を中心に――

シンポジウム

2017 年度企画の趣旨………………出村みや子・佐藤真基子・佐藤直子　82
司会報告…………………………………………………………矢内　義顕　83
〈連動報告〉木の実の誘惑と根源悪
　――「創世記」と『告白』の物語りに拠る――……………宮本　久雄　86
〈提題〉アウグスティヌスの原罪論におけるオリゲネスの
　聖書解釈の影響…………………………………………………出村みや子　98
〈提題〉アウグスティヌスにおける楽園神話解釈に基づく
　人間観の形成――「嘘」の概念に注目して――……………佐藤真基子　106

〈提題〉ペラギウス派による原罪論批判の本質と課題
——悪は「善の欠如」であるか？——················ 山田　望 115

書評

Enrico Cattaneo S. J., *Il Commento a Isaia di Basilio di Cesarea:*
　Attribuzione e studio teologico-letterario ·················· 秋山　学 124
Augustine, *Confessions*, Loeb Classical Library 26-27 ······ 松﨑　一平 128
John Arblaster and Rob Faesen (eds.), *Mystical Anthropology:*
　Authors from the Low Countries ···················· 阿部　善彦 134
Thomas M. Osborne Jr., *Human Action in Thomas Aquinas,*
　John Duns Scotus & William of Ockham ·············· 藤本　温 139
大森正樹著『観想の文法と言語——東方キリスト教における
　神体験の記述と語り』································ 袴田　玲 144
八巻和彦著『クザーヌス 生きている中世：開かれた世界と
　閉じた世界』·· 宮本　久雄 152

会報・規約・著作権規程・投稿規程·································· 160
欧文要旨·· 174
中世哲学会役員·· 180

『中世思想研究』の還暦によせて

川　添　信　介

　『中世思想研究』は第1号が1958年に刊行されてから本号で還暦を迎えることとなった。本学会が厳しい財政状況をかかえた時期もあったなかで，途切れることのない刊行のためにこれまで尽力してこられた会員諸氏とともに，まずはこの慶事を喜びたい。

　中世哲学会の1952年発足と本誌刊行の経緯などについては，第1号の「発刊に際して」，第23号の「中世哲学会の今昔」，そして第34号の「中世哲学会創立四十周年にあたって」といった当時の委員長（現在の会長）の先生方の寄稿によって，さらには本誌発刊以前に出された『中世哲学会会報』（4冊）において創設期の熱気に満ちた雰囲気を知ることができる。1982年に会員となった私には学会の歴史を十分に語る資格はないので，『会報』と『中世思想研究』の既刊全体を通覧して，いくらか思うところを記しておくこととしたい。

　第59号までの『中世思想研究』には，「論文」と「研究ノート」（第42号からは「研究論文」），また「特別寄稿」や「特別講演」といった学術論文が465篇収載されているが，最初に目につくのは論じられている思想家の一貫した「偏り」である。複数の思想家を扱った論文もそれなりの数になるので正確な数値ではないが，アウグスティヌス関係が100篇ほど（21パーセント），トマス・アクィナス関係が約160篇（34パーセント）となり，合わせると半数を超えている。中世哲学研究は歴史的な探求というだけではなく哲学的営為そのものでもあるという観点からは，この統計的数字はアウグスティヌスとトマスの哲学が現在でも参照すべき重要な価値を有していることを証していると言えるであろう。しかし，正確な比較は不可能であるとしても，欧米の中世哲学に関する

「総合的」な学術雑誌ではこの2人がこれほどのシェアを占めることはないのではないかと思われる。また，この60年間を20年ごとに区切って眺めてみると，アウグスティヌスについては全論文中に占める割合がそれぞれ30, 20, 12パーセントと，トマスについては36, 34, 30パーセントと減少していることが確認できる。以上のことを考えると，第二次世界大戦後に西洋をあらためて根底から学び直そうとした我が国において，中世哲学研究を志した人々がこの2人の偉大な仕事に依拠しながら研究を始めざるをえなかったことを示していると言ってよいであろう。

とはいえ，上に掲げた数値は裏側から言えば，『中世思想研究』で論じられる対象がより多様になってきたことも明確に示している。いくつかの例を挙げるならば，新プラトン主義者やギリシア教父，12世紀の諸思想家，さらにトマス以外の13～14世紀のスコラ哲学者たちに関わる研究は明らかに増えてきている。また，イスラムやユダヤの思想家に関わる研究は初期からそれなりの割合を占めていたとはいえ，近年の増加傾向は明確である。クザーヌスが一貫した関心を持たれてきたのに対して，近世のいわゆる「第二スコラ」の研究については最近になって関心の高さが現れている。『中世思想研究』の歴史が示している研究対象の拡がりは，我が国の中世哲学研究が「成熟しつつある」ことを示している。

だが他方では，『中世思想研究』の60年間を通じて，その重要性に比して研究が手薄な領域が確認できることも確かである。アウグスティヌス以外のラテン教父，ボエティウス，アンセルムス，アベラールなどの研究は充実しているとは言えないであろう。この状況が本誌だけのことであれば幸いであるが，やはり我が国の中世哲学・思想研究の「偏り」の一端を反映しているのではないかと思われる。学界全体としては考えてみるべきことであろうと思う。

さて，上記のような研究対象の変化は，海外の研究動向の反映という面が一方にあるだろう。しかし，近年になって中世哲学や広く中世思想に関する定期刊行物の種類が増えたり，モノグラフィーとして出版できる環境が充実したことによって，会員諸氏が研究成果発表の場を本誌以外に持つようになったという要因も大きな影響を与えていると思われる。

初期とはちがい現在では，本誌だけが日本の中世哲学研究の全体を覆っていると言うことはできなくなっているのである。このことは，喜ぶべきことであるのは確かであるが，他方では「我が国の中世哲学研究において『中世思想研究』はどのような地位あるいは特徴を持っているのか，あるいは持つべきなのか」という問いが投げかけられているということでもある。

　この課題に対して，われわれは第52号（2010年）から「特集」を掲載することによって応えようとしてきたと言えるであろう。中世哲学会がその創設期からシンポジウムを重視してきたことは，『会報』2号にすでにその記録が現れることや本誌が第16号（1974年）以来シンポジウム報告を掲載し続けてきたこと（第50号を除く）に現れている。しかし，2009年大会のシンポジウム開催とその記録を第52号に「特集」として掲載したことは，一つの画期となった。当時の中川純男会長のリーダーシップのもと，それまでのシンポジウムのあり方が刷新された。テーマ設定や提題者・特別報告者の選定などを担う3, 4人の企画委員が選定され，このチームが相当の時間と労力を払ってシンポジウムの責任を負うこととされたのである。この新たなプロジェクトの大きな特徴は，比較的若い研究者に企画委員をお願いしていることに現れているように，シンポジウムを提題者の「既に出来上がった」研究内容を照らし合わせる場とするというよりは，開催に至るまでの企画の過程を重視するという点にある。若手研究者のキャリアにとってそれまで未知の研究主題であっても，シンポジウムのために新たな研究を始めることを促す機会となることが意図されてきたのである。その結果，2009年以降ストア派，プラトニズム，自由学芸，神秘主義，原罪論といったテーマのもと，充実した内容のシンポジウムが開催され，その成果は翌年刊行の本誌の「特集」として掲載された。そしてこの「特集」は中世哲学会としての関心の在り処を世に示すこととなっていると言えるであろう。

　人文学の研究は，最終的には研究者一人ひとりの孤独な作業の結果として発表されざるをえないものである。学会発表や本誌での論文の公刊は，個々の研究成果を共通の関心を持つ仲間と共有するとともに，仲間の批判によって自らの研究を深めようとすることである。本会・本誌がこのような役割を核とすることは止めることはないであろう。しかし，

2009年から始まった新しいシンポジウムと「特集」は，個々の研究者の自発性に基づく研究とその発表・批判の場としての学会という従来のあり方を超えて，「共同研究」の場ともなることに向けて歩みだしたのである。そしてこのことは，個別の専門に特化された学会や雑誌とは異なって，中世哲学・思想の「総合的で包括的な」学会である中世哲学会と『中世思想研究』の存在意義を明確にしようとする一つの試みであったと言えるであろう。この試みは今後も継続してゆく価値のあるものだと私は考えている。学会がより強固なコミュニティとなることによって，1プラス1が2ではなく3にも4にもなる成果を目指すことに積極的であることは当然のことだと思うからである。

　最後に，本誌の60年の歩みとともにあった先達と会員諸氏に対して，また，創文社の時代からずっと本誌を支えてくださった知泉書館の小山光夫社長に，あらためて敬意と感謝を捧げたい。そして，二度目の還暦を遠望しつつ，日本の西洋中世哲学研究のさらなる発展のために，いっそうのご協力とご支援をお願いする次第である。

新プラトン主義思想の「自己存立」概念と『純粋善について（原因論）』による受容

西 村 洋 平

はじめに

 12世紀にラテン語に訳されて『原因論』（*Liber de causis*）として知られることになるアラビア語文献『純粋善について』（*Kalām fī maḥḍ al-khayr*）は，プロクロス『神学綱要』の影響を受けて9世紀ごろキンディーの指導のもとで成立したと考えられている。アラビア哲学初期において，古代末期のギリシア哲学がどのように受容されたのかを知るためには非常に重要な文献の一つである[1]。以下では『純粋善』の自己存立をめぐる議論を取り上げ，新プラトン主義思想の受容と変容を考察することにする。

 手順として，まずプロクロスが理解する「自己存立的なもの」（αὐθυπόστατον）という概念を分析する(1.)。自己存立的な存在は自体的な存在であり，アリストテレスの素材形相論的な実体に対立するものである。さらに，自己存立的な存在は発出と振り向きという新プラトン主義特有の原因の考えと関連していることを確認する。そうした発出論は無からの創造論でも単純な流出論でもない。つぎに，『純粋善』における「自己存立」の理解について，テクストを解釈しつつ議論する(2.)。『純粋善』作者は，自己存立的なものをプロクロスの発出論とともに受容する。しかし，それはアリストテレス的な枠組みにおいてであることを確認する。最後に，この概念の受容が持つ哲学的・哲学史的な意義についてまとめ，展望を示したい(3.)。

---

 1) もう一つ重要なのが，同じキンディー・サークルのもとで作成されたプロティノス『エンネアデス』の翻案テクスト（いわゆる *Plotiniana arabica*）であるが，ここでは取り上げない。

1. プロクロスの体系における自己存立[2]

「自己存立的」($α\dot{υ}θυπόστατος$) は，「下に置く，存立させる」($\dot{υ}φ\text{-}ίστημι$) という動詞の動形容詞形の $\dot{υ}ποστατός/\dot{υ}πόστατος$ と，強意代名詞 $α\dot{υ}τός$ の合成語である。他動詞の動形容詞の場合，意味は能動と受動のどちらも取りうる。したがって，能動の場合，$α\dot{υ}το\text{-}$ を目的語として理解して，$α\dot{υ}θυπόστατος$ を「自己自身を存立させる」と理解できる。他方，受動の場合，$\dot{υ}φίστημι$ の受動態は自動詞的な意味（下に立つ，存立する）を持つ。このとき $α\dot{υ}το\text{-}$ は存立する主語にかかり，「それ自身で」と強意を表し，「自己自身で存立した」を意味することになる。プロクロスは能動的意味でも受動的意味でも理解している。詳しく見ていくことにしよう。

まずは，『神学綱要』第45命題を見てみたい。

> 自己存立的なものはすべて，生成を持たない。
> というのも，もし〔自己存立的なものが〕生成を持つものであるならば，一方でそれは生成を持つものなので，自己自身では不完全であり，他のものからの完成を必要とすることであろう。他方で〔自己存立的なものは〕それ自身で自己自身をもたらすので，完全であり充足的なもの（$τέλειον\ καὶ\ α\ddot{υ}ταρκες$）であるだろう。実際，生成を持つものはすべて，存在していないときにそれに生成を付与してくれる他のものによって完成させられるのである。なぜなら，生成とは，不完全なものからその反対である完全なものへと進む道なのだから。だがもし〔自分で〕自己自身をもたらすものが何かあるとすれば，存在を完成させるものとなるよう，自己自身の原因とつねに一緒にあるので，いやむしろそれに内在しているので，つねに完全である。(*ET*, prop. 45, 46. 12-19[3])

---

[2] Whittaker (1975: 193-230) が示したように，「自己存立」という概念の背後にはヘレニズム期以降の様々な哲学的・神学的・宗教的議論があるが，本稿では，プロクロス哲学の中での自己存立的なものの理解にだけ限定して論じることにする。このテーマについて論じているもので最も優れているのが Steel (2006: 230-255) の研究である。本節の議論はスティールの研究に多くを負っている。

[3] 本稿で用いるテクストと略語については末尾の文献表を参照。翻訳は引用者による。

ここで「生成を持つ」($\gamma\epsilon\nu\eta\tau\acute{o}\nu$) とは,それまでなかったものがある時に生じることを指す。「生成を持たない」ことは,自己存立的なものが時間の中で始まりを持たないことを意味する。また,続く第46命題で言われるように,それは消滅することもない。したがって,自己存立的なものはすべて「永遠的である」(prop. 49, 48. 11, $\acute{a}\acute{i}\delta\iota o\nu$) と言われる。

そうした永遠で自己存立的な存在として,プロクロスは魂と知性を考えている。新プラトン主義にとって,これらはそれ自体で物体から離れて存在するのであり,それ自体で存立しうるもの(自動詞的な意味)である。他方で,生成を持つものとは合成体(物体)のことであり,これらは形相や魂によって生成を持ち存在するが,形相や魂が離れるならば消滅してしまう。したがって,アリストテレス的な素材と形相に分析されるような実体は,新プラトン主義的に見れば自体的でも自己存立的な存在でもないことになる[4]。

だが重要なのは,能動的な意味で「自己を存立させる」という事態であり,それをプロクロスの発出と振り向き(還帰)の構造から理解しなければならない[5]。発出論は,新プラトン主義の原因の理論である。まずそれは,無からの創造論とは異なる。創造論であれば,魂やこの世界のものは,神から直接,いまあるような姿に整えられて作られたことになる。しかし,発出論における魂の創出には善・一という第一原理だけではなく,知性という別の原理も関わる。そもそも,発出は時間的な始まりを説明したものではない。

さらに,発出論は単純な流出論とも異なる。単純な流出論と私が言うのは,AがBを生み,BがCを生むように,AがCの副次的・付帯的

---

[4] ちなみに,第一原理である「善・一」は存立の彼方にあるため,自己存立的なものではない。その一性は,自身が原因でもあり結果でもあるといった多様なあり方を許容しない。Cf. *ET*, prop. 8, 8. 29-10. 13; *in Tim.*, I, 232. 11-18. ただしプロティノスは「善・一」が「自己自身を存立させる」(39 [VI, 8], 13. 57-58, $\dot{v}\pi o\sigma\tau\acute{\eta}\sigma a\varsigma...a\dot{v}\tau\acute{o}\nu$) とする。この違いについては Beierwaltes (2001: 178-181) を参照。

[5] こうした自己存立的なものの働きは,知性の場合は「不動の動」($\kappa\acute{\iota}\nu\eta\sigma\iota\varsigma\ \dot{a}\kappa\acute{\iota}\nu\eta\tau o\varsigma$),魂の場合は「自己自身による動」($\kappa\acute{\iota}\nu\eta\sigma\iota\varsigma\ a\dot{v}\tau o\kappa\acute{\iota}\nu\eta\tau o\varsigma$) と呼ばれる (*in Tim.*, II, 251. 4-6)。詳しくは,Gersh (1973) の研究を参照。発出・振り向き構造と,自己存立的な存在の関係については,図式化して分かりやすく解説する Chlup (2012: 69-76) に基づいている。

原因になるケースである[6]。発出論における，善・一の原因作用はそうしたものではない。善・一は，知性が魂に働きかけるときにも働く。しかし，善・一が強制的に知性を動かして魂の発出をもたらすのだとしたら，知性が付帯的な原因であることになってしまう。知性自身もまた，自存する原因でなければならない。それに欠かせないのが，「自己存立」というあり方である。

まず発出においては，ある原因から，その原因に似ているが劣っているものが系列をなす。その原因となるものは，その系列に属するものが共通して持つ特徴を完全なものとして持つ（ET, prop. 18; prop. 28)。そして発出したものは，その原因へと振り向き，その原因への欲求を持つとされる。実際，善・一から発出したすべてのものは善・一を欲する。しかし，振り向きは完全に原因と一致するのではない。それはあくまでも「欲求」（ET, prop. 31, 36. 1, ὄρεξις）である。つまり，善・一から発出した知性は，善・一という点では不完全にとどまる。善・一と知性から発出した魂は，善・一と知性に振り向きそれらを欲するが，善・一という点でも知性という点でも不完全である。

そうすると，世界には不完全なものが溢れてしまうことになるが，実際にはそうではない。知性や魂などもそれぞれの発出系列の原因であり，それらは知性や魂としてそれぞれ完全なものである。そして，善を模倣して自らに似たものを生み出すことが，それらにとっての完全性の内実である。そうして，知性からは知性認識したりされたりする知性的なものの発出が，魂からは魂的なものの発出が起こる。こうした発出の原因として，自己自身を発出によって生み出し，自己へと振り向くことで自己自身を完全なものにする存在があることになる。それが自己存立的な存在である。上掲引用の強調箇所でも，自己自身を存立させるものは「完全であり充足的なもの」（τέλειον καὶ αὔταρκες）とされていた。完全だからこそ，発出の原理となりうるのである（ET, prop. 25)。

これまでに確認したことを2点まとめておこう。自己存立的なものとは自体的な存在（οὐσία）であり，素材と形相からなるアリストテレス

---

[6] こうした発出論の分析は，プロティノスの発出論を per se な創造と，per accidens な流出の中間だと分析する Gerson（1994: 24-27）の研究に負っている。またプロクロスの発出論に当てはめる Opsomer（2000: 126-127）の研究も参照。

的な実体とは異なる。それは自己自身を存立させることで，完全性・充足性を持っており，発出原理となる。次に，この「自己存立的なもの」がどのようにアラビア哲学へと受け入れられるのかを見ることにする。

2．『純粋善について』の自己存立

『純粋善について』はプロクロス『神学綱要』のアラビア語改変バージョンである。作者はプロクロスの思想を熟知しており，『神学綱要』全211命題から自由に議論を抜き出し，自らの一神教的な思想に適用させながら，全31章からなる一つの著作としてまとめている。作者は，自らの思想に合わないと考えたものは切り捨てているため，逆に言えば，『純粋善』に取り込まれた命題は，作者が受け入れてよいと判断したものだと言える[7]。そうしたもののうちに，先に検討した「自己存立的なもの」を論じる命題が含まれている。

> 自己自身で存立する存在はすべて（kull^u jawhar^{in} qā'im^{in} bi-dhāt^i-hi[8]），他のものによって生成しない。もし誰かが，それは他のものによって生成するものであり得るかもしれないと言うならば，われわれはこう言うだろう。もし自己自身で存立する存在が他のものによって生成するものであれば，その存在は欠如しており，その存在がそこから生成したところのもの[9]がそれを完成させる必要があることは疑いもないことなのだと。その証拠は生成それ自体である。つまり，生成は欠如から完成への道筋に他ならないのである。もしあるものが，その生成の際に——つまりその形相とその形相化の際に（ay fī ṣūrat^i-hi wa-taṣwīr^i-hi）——他のものを必要としないこと

---

7) Cf. Zimmermann 1990: 366, "Since they [sc. the translator-adoptors of the Kindī circle] changed what they disliked, they must have liked what they retained."

8) jawhar, huwiyyah, anniyyah は τὸ ὄν や τὸ εἶναι, οὐσία などにあてられるアラビア語訳である。訳し分けられている可能性がないわけではないが（とりわけ後代のアラビア哲学においては重要な点だが），『純粋善』では概念的な区別がされているようには思われない。また，私の論点にも直接は関わらないため，以下ではすべて区別せずに「存在」と訳している。『原因論』文献における「存在」用語の問題の現状については小村（2016）とそこで示される文献を参照。

9) Badawī版の「それを生成させるもの」（alladhī kawwana-hu）ではなく，イスタンブール写本（MS I, 116r）に従って，alladhī yakūnu min-hu を読む。

が分かったならば，そしてそれがその形相化と完成[10]の原因だったならば，それは完成しており完全で永遠である。その形相化の原因は，それがつねにその原因を観ているからに他ならない[11]。それゆえこの観想こそが，それを形相化し，かつ完成させるのである。したがって，自己自身で存立するすべてのものは，他のものによって生成しないことが明らかになった。(Kalām, c. 24, 25. 4-12[12])

アラビア語にとって，ギリシア語の合成語をそのまま翻案することはできない。翻訳者は「存在」(jawhar) に，「立つ・存立する」を意味する動詞の能動分詞 (qā'im) を付け，「自己自身で」(bi-dhāt^i-hi) という前置詞句を補っている。この前置詞句からも明らかなように，訳者は αὐθυπόστατος を，自己自身を存立させるという能動的な意味ではなく自動詞的に理解していることが分かる。おそらく ὑπόστασις の訳語に qā'im をあてることが慣例となっていた可能性があるが，自動詞的な理解は意図的であるようにも思われる。もう少し詳しくこの箇所を分析してみることにしよう。

著者は，この自己存立的な存在はその生成の際に他のものを必要としないと述べている。著者はそれを言い直して（引用強調箇所），「形相化」(taṣwīr) としている。この言い換えは何を意味するのだろうか。

まず形相化は，自己自身の原因の観想 (naẓar) によるのだという。プロクロスのテクストにはこの表現はない。『純粋善』の別の箇所で，知性は形相で満たされているとされる (Kalām, c. 9, 12. 19-20)。そのため作者が「自己存立的な存在」としてここで理解しているのは，「知性」('aql) だと考えられる（魂も含まれる可能性もあるが，明確には論じられない[13]）。知性は自らが持つ形相を観想することによって知性とな

---

10) Bardenhewer の挿入 wa-tamām^i-hi を読む。
11) Badawī 版の「極限との同等性によってのみ」(naẓīr^i-hi ilā ghāyat^i-hi dā'im^{an}) ではなく，別バージョンの『純粋善』(Thillet et Oudaimah 2001-2002) と，ラテン語版の relationem suam ad causam suam semper から類推して naẓar^i-hi ilā 'illati-h^i dā'im^{an} と読む。
12) 翻訳は「原因論研究会」での小村優太氏の訳を用いている。暫定訳の一部はホームページでも公開されている (https://sites.google.com/site/liberdecausisresearch/documents)。訳語や表現などは文脈に合わせて適宜変更している。
13) 「あらゆる知性は諸形相で満たされている。とはいえ，諸知性の中には，より普遍

るのだと解釈できるだろう。プロクロスの思想と照らし合わせるならば，この自己存立的な存在が観ている原因は自己自身に他ならないだろう。続く第25章（『神学綱要』第46命題に対応）では，「それは原因でありかつ結果でもあるのだから」(*Kalām*, c. 25, 26. 5; 11, al-ʿillat^u wa-l-maʿlūl^u maʿan) とされる。自己存立的な存在は自己自身へと振り向き，自己自身を観想し，自己自身を形相化しているという構造が読み取れるだろう[14]。

そして，形相化という言い換えには，それを神（第一の純粋な存在）による存在の創出と区別する意図がある。この区別が確認される第17章の記述を見てみよう。

> そして〔第一の存在〕があらゆる諸事物に存在を与えるならば，創出という仕方 (bi-nawʿ^i ibdāʿ^{in}) でそれを与える。そして第一生命について言えば，それの下にあるものに生命を与えるが，それは創出という仕方でではなく，むしろただ形相という仕方でである[15]。同様に知性がその下にあるものに，知やすべての諸事物を与えるのは，ただ形相という仕方であり (bi-nawʿ^i ṣūrat^{in})，創出という仕方ではない。なぜなら，創出という仕方は，第一原因だけ〔が持つ与え方〕なのだから。(*Kalām*, c. 17, 19. 10-11)

ibdāʿは，通常「創造」と訳されるが，以下でも論じるように無からの創造とは異なると私は解釈するため，ここでは便宜上「創出」と訳出

的なかたちで諸形相を取り囲むものがあり，より不完全なかたちで諸形相を取り囲むものがある。」(*Kalām*, c. 9, 12. 19-20) 後者の不完全なかたちで形相を持つものは魂あるいは天体だと考えられる。

14) なお「観想」(naẓar) は「関係」(relatio) とラテン語に訳されておりトマスは『原因論註解』で第一原因との関係だと解釈している。このことは，「その原因」(causam suam) を cuasam suam *primam* と理解していることからも明らかである。Cf. Thomas Aquinas, *Super Liber de causis expositio*, 126. 9-18 (Saffrey). トマスにとって自己存立的な存在は受け入れがたいものであるが，以下でも確認するように，『純粋善』作者は自己存立的な存在とその発出論的な枠組みを受容している。

15) この一文は，底本が参照しているライデン写本にはないが，イスタンブール系統の写本に見られ (MS I, 112r)，ラテン語にも訳されている。生命という原理はおそらくは「永遠」と関わるのだと思われるが，ここでは問題としない。

した。第17章は，『神学綱要』第102命題の翻案であるが，この箇所はプロクロスに対応箇所がなく著者独自の主張がなされる部分である。第一原因である第一の存在が創出という仕方で「存在」(huwiyyah) を与え，(生命と) 知性は形相という仕方で下位の事物の原因となるとされている。そして，自己存立的な存在として考えられている「知性」は，第一原因によって存在を与えられる。したがって，知性はその存在を創出されるという点で，他のものによって創出されるのである。しかし，第24章で言われていたように，自己存立的なもの（知性）は，自己自身を形相化するのであり，この形相化という観点では他のものを必要としない。

『純粋善』の作者は，第一原因が知性の存在も形相もすべて作るといった創造説を取っていないことは確かである。存在を創出された知性は，自己の観想によって知性として生成するのである。では，単純な流出論ではないと言えるだろうか。問題となるのは次の箇所である。

> つまり，第一原因は知性を媒介にして (bi-tawassuṭⁱ) 魂の存在を創出するのだから。それによって，魂は神的な活動を行うようになったのである。それから第一原因が魂の存在を創出したとき，〔第一原因は〕魂を，あたかも知性が魂のうちでその諸活動を行う，知性の敷物 (bisāṭ[16]) のようにするのである。(*Kalām*, c. 3, 5. 14-16[17])

知性の媒介としての関与がどのようなものかによって，単純な流出論か，新プラトン主義的発出論かに分かれるだろう。そこで問題となるのは，媒介となる知性の役割である。この箇所からも明らかなように，知性は存在の創出には関わらない。したがって，第一原因は存在の創出に関して副次的な原因ではないことになる。さらに，知性は，第一の存在が補助的に用いる道具のような媒介でもない。なぜなら，魂の存在の創出は，知性という原因が働くための「敷物」(bisāṭ) のようだとされて

---

16) Taylor (1989: 89) にならい，ka-bisāṭⁱ を読む。
17) Cf. *Kalām*, c. 8, 12. 10-13.

いるからである。むしろ第一原因が創出する存在のほうが素材・道具的な位置にあるだろう[18]。

『原因論』研究を主導してきたダンコーナによれば，魂の存在が第一原因に由来し，知性的活動が知性に由来するというのは，プロクロスの考えからすればかなり異質だという[19]。しかし，発出理解に関して言えば，むしろプロクロスの思想の継承を見ることができる。プロクロスにおいて，善・一の他に，知性や魂も原因として働き，善・一は知性や魂の原因としての働きの原因となるからである。むしろプロクロスは，神（善・一）が「媒介なしに」（ἀμέσως: cf. in Tim., I, 209. 14）すべてを生み出すと主張する。この点で『純粋善』はプロクロスから逸脱していると言えるだろう。

ただし，『純粋善』における知性の媒介の関与を低く見るならば，その逸脱はあまり決定的なものではない。神の働きは知性という階層を媒介として通りはするが，実際には魂の存在を創出するのは神だと言うことも可能だからである。いずれにしても，存在の創出と，形相化という異なる原因を措定することは，その仕組みが単純な流出論ではないことを示していると言える。そして，知性が原因となるための根拠として自己存立的なあり方を受容したのである。知性は形相という点で完成しており，他のものを必要としない。そうした完全なものが他のものにとっての原因となるという考え方は，単純な流出論というよりも，プロクロスの発出論そのものである。

3．新プラトン主義の知性論の行方——まとめと展望

『純粋善』の作者は，一神教の創造神学と相容れないように思われる

---

18) Taylor (1979: 513) は，この箇所や第8章などから，『原因論』では，形相に対して存在が素材的となっていてプロクロス的だが，トマスはそれを逆転させて解釈しているとする。しかし，プロクロス的だという指摘には同意できない。そもそも，知性的存在を素材形相論的には理解できないからである。ちなみに，「敷物」に対応するプロクロスの表現は「下に敷かれてあるもの」（ET, prop. 201, 176. 11, ὑπεστρωμέναι）である。ここでは，魂が知性の下にあり，知性の影響を受けているという意味を持つ。

19) D'Ancona 1995: 76-77. ダンコーナはプロティノス『エンネアデス』のアラビア語版との関連を強く主張しており，プロクロスからの影響を低く見積もっている。しかし，これはバイアスのかかった見方であり賛同できるものではない。

自己存立的な存在を,その背後にある発出論とともに受容した。しかし,自己自身の存在を生み出すという能動的な意味では理解していない。他方でプロクロスにとって,自己存立的な知性や魂は,それらが知性や魂であること,すなわち自らの存在の原因である。プロクロスにおいて自己自身がそれであるあり方を生み出す自己存立の概念を,『純粋善』作者は「形相化」と解釈していることを本論では確認した。そして,作者はそれを存在の創出という第一原因の創出作用とは異なる原理としてとらえていた。われわれはここに,プロクロスにおいて明確には区別されていない存在論的な意味での「がある」と,述語的あるいは真実に関わる用法「である」の区別を見ることができる[20]。神は「純粋な存在」(c. 4, 11, al-anniyyat^u al-maḥḍ^u) であり,あらゆるものの存在を生み出す。第二の原因である知性は,自らを眺めることで自己自身の完全性を実現する自己存立的な存在であり,他のものの形相化の原因となる。発出論の図式を受け入れながらも,「存在」と本質的・形相的なあり方を区別するという,ギリシア哲学には見られない独自の展開を行っているのである。

　形相化という表現や,存在が素材のような「敷物」になるといった,本論で確認した『純粋善』独自の議論は,アリストテレス主義的な素材形相論の影響下にあるように思われる。多くの論者が指摘するように[21],キンディー・サークルが「プラトンとアリストテレスの調和」という古

---

　20) これらがギリシア哲学においては区別されていないことについては,Kahn (2009) の諸研究を参照。プロクロスにおいても区別されないことを示すことは容易ではないが,ここでは簡潔に示しておきたい。プロクロスにとって存在は知性認識の対象 ($νοητόν$) であり,知性認識する知性 ($νοῦς$) よりも存在論的に上位に位置づけられる。このことは,前者が後者より多くのものの原因であることで示される (ET 56; cf. Chlup 2012: 92-99)。知性は認識をするものの原因であるが,存在は,それらの存在以外にも,認識をしない無機物 (石など) の原因である。そして石は,石という (内在) 形相を持ち,石であると認識される。もはや何かであると言えないようなもの (たとえば欠如) の原因は,存在を超えた一である。もちろん,何かでない欠如があると言えるかもしれないが,そう言えるのは,何かであるものがそこにあるからである。たとえば,健康でないという欠如がある場合,健康を欠如した人間がそこにはいるのである。プロクロスにおける欠如の理解とその哲学的背景については Opsomer and Steel (2003: 19) を参照。以上のように,「がある」と「である」が明確に区別されることはプロクロスにおいてもないのである。なお,『純粋善』における存在神学について別の箇所でも論じたのでそちらも参照されたい (西村 近刊予定)。

　21) E. g. Endress 1997: 63; Adamson 2011: 5.

代末期の試みを継承しているとするならば，こうした表現は驚くべきではないかもしれない。ただし，彼らが何と何を調和させようとしていたのか，そしてそれぞれの思想が元来どのようなものであったのかについて，自覚的であるべきだろう。そうすることで，アラビア哲学がどのような独自の発展を遂げ，どのような新しい哲学的問題が出てきたのかを知ることができるからである。

まず，彼らが受容していたのは新プラトン主義思想であり，プラトンではない。そして，受容された自己存立的な存在とは，アリストテレス実体論に対抗するものであった。それだけでない。自己存立の背後にある発出論は，素材形相という原因や，「能動知性」あるいは不動の動者といった第一原因についてのアリストテレス的な考え方に取って代わろうとするものだったのである。

物理的世界で起きていること（実体・出来事）を取り出し，そこに内在する共通した本質・形相を抽象して知識獲得を目指すのがアリストテレス的方法論であり，素材形相論の特徴である。新プラトン主義にとって，そうした方法は，プラトン『パイドン』で示された例を用いるならば，ソクラテスが牢獄に座っていることを肉体の骨と腱によって説明することに等しい。素材やそれに内在する形相は，プラトンが別の箇所で「補助的な原因」（$\sigma \upsilon \nu \alpha i \tau \iota \alpha$[22]）と呼ぶものであり，「真の原因」（Phaedo, 99b3, $\tau \grave{o}$ $\alpha \H{\iota} \tau \iota o \nu$ $\tau \tilde{\omega}$ $\H{o} \nu \tau \iota$: cf. 98d7, $\tau \grave{a} \varsigma$ $\H{\omega} \varsigma$ $\mathaccent"7013\relax \alpha \lambda \eta \theta \tilde{\omega} \varsigma$ $\alpha i \tau \acute{\iota} \alpha \varsigma$）ではない。新プラトン主義者たちはプラトンの対話編解釈を通して真なる原因を探求する。彼らがそこで見出したものは，なぜソクラテスはそこに座っていることが「善い」と考えたのかという善原因（『パイドン』や『国家』），生成変化する物理的な事物が，そうした変化の中でもそれ「である」と言えるような根拠・イデア（『パイドン』他多数），この世界をこのようなものとして生み出した真の作用者（『ティマイオス』『ピレボス』『ポリティコス』など）であった。そのとき，アリストテレス的な素材形相論や，目的としてあるだけで何もしない不動の動者である神は不十分である[23]。他方で，プラトンが語る様々な原因を区別しながら体系的にま

---

22) Cf. *Tim.*, 46c7-d3; *Pol.*, 281c2-e10; 287b6-d4.
23) こうしたプラトン解釈とプロクロスの原因理解についてはSteel (2003) の研究とそこで示されるプロクロスのテクストを参照。

とめることが新プラトン主義哲学者たちの課題であった。そうした解釈の所産が，多くの原因が多層的に作用する発出論である。

　アリストテレス解釈においてそうした原因を探そうとするとき，『形而上学』のΛ巻，そして『魂について』の「能動知性」をめぐる議論に行き着く。とりわけ後者の謎めいた16行（De an., III 5, 430a10-25）は様々な解釈をうながし，古代ギリシアからアラビア哲学そしてラテン中世の哲学史に与えた影響は大きい。それに対してプロティノスやプロクロスは，「能動知性」という表現を用いることも主題とすることもない。その理由は単純で，プラトンを読めば，能動知性について解釈する必要がなかったからである。したがって，新プラトン主義は独自の知性論を展開して行くことになる。その一つが「自己存立」である。とはいえ，知性の自己存立的なあり方は自己認識に他ならない。ここにアリストテレス的な知性論の展開を見ることができるだろう。ただしそれは，新プラトン主義的な哲学体系におけるアリストテレスの利用である。

　しかし，アラビア哲学の中で，新プラトン主義思想とアリストテレス的知性論は異なる関係を結ぶことになる。顕著なのはファーラービーの『有徳都市の住民が持つ見解の諸原理』（Mabādi' ārā' ahl al-madīnat al-fāḍilah[24]）における知性論と発出・流出論（Fārābī, I, 2, 1, 88.15, fayḍ）であろう。第一の原因（第一の知性）から発出した第二の存在（第二の知性）は，第一原因を知性認識することで第三の存在（第三の知性）を生む。さらに，第二の存在（第二の知性）は自己自身を知性認識し，その固有の存在から最初の天を生むのだとされる（II, 3, 1, 100. 11-15）。この発出の連鎖が第十の知性（能動知性）まで続くことになる。さらに，それぞれの知性は，自己自身を知性認識するだけでは不十分で，自己自身の存在を認識するとともに，第一の原因を認識することによって完全性を得るのだという（III, 6, 5, 116. 12-15）。こうした自己自身の認識と第一原因による作用は，『純粋善』における自己存立的な知性原理と，存在を創出する第一原因のそれと重ねることができるだろう。

　ファーラービーが提示する宇宙論や，人間の知性をめぐる「素材的知性」「獲得知性」といった区分は新プラトン主義とは無縁のものである。

---

24) テクストはWalzer (1985)を用いている。

デイヴィッドソンは,『有徳都市』でのファーラービーの思想を「アリストテレス的なレンガと新プラトン主義哲学から借りられてきたモルタルでできている」と形容している[25]。これは,二つの立場の調和というよりも,アリストテレス哲学の受容・展開のための,新プラトン主義哲学の利用と言えるだろう。そうした土台を作ったのが『純粋善』といったテクストであった。存在の創出と,自己自身を認識し自己存立的な知性が形相化の原因となるといった発出論の受容が,その後のアラビア哲学に与えた影響は少なくないように思われる[26]。アラビア哲学における展開をたどることは,今後の課題である。

【参考文献】

引用に用いたテクスト

ET　E. R. Dodds, *Proclus. The Elements of Theology*, A Revised Text with Translation, Introduction and Commentary, Clarendon Press, 1963².
→引用の際には命題(prop.)番号に,ドッズ版のページ数と行数を示す。

Kalām　'A. Badawī (ed.), *Al-Aflāṭūnīya al-muḥdathah 'inda al-'arab. Neoplatonici apud Arabes*, Al-wikālat al-maṭbū'āt, 1977², pp. 1-33.
→引用の際には章に続いて,バダウィー版のページ数と行数を示す。

その他

P. Adamson, "The Last Philosophers of Late Antiquity in the Arabic Tradition", R. Goulet and U. Rudolph (edd.), *Entre Orient et Occident: La philosophie et la science gréco-romaines dans le monde arabe*, Fondation Hardt, 2011, pp. 1-43.

O. Bardenhewer, *Die pseudo-aristotelische Schrift, Über das reine Gute bekannt unter dem Namen Liber de causis*, Herder, 1882.

W. Beierwaltes, "Proklos' Theorie des authypostaton", Id., *Das wahre Selbst*, Klostermann, 2001, pp. 160-181.

R. Chlup, *Proclus. An Introduction*, Cambridge University Press, 2012.

C. D'Ancona, *Recherches sur le Liber de causis*, J. Vrin, 1995.

H. A. Davidson, *Alfarabi, Avicenna, and Averroes, on Intellect*, Oxford University Press, 1992.

---

25) Davidson 1992: 44, "The universe envisioned by Alfarabi is fashioned of Aristotelian bricks and of mortar borrowed from Neoplatonic philosophy."

26) 例えば,アヴィセンナの「存在」と「本質」の区別に,新プラトン主義の発出論が大きく関わっていることについては Wisnovsky (2002) を参照。

G. Endress, "The Circle of Al-Kindī. Early Arabic Translations from the Greek and the Rise of Islamic Philosophy", G. Endress and R. Kruk (edd.), *The Ancient Tradition in Christian and Islamic Hellenism. Studies on the Transmission of Greek Philosophy and Sciences*, Research School CNWS, 1997, pp. 43-76.

S. Gersh, *ΚΙΝΗΣΙΣ ΑΚΙΝΗΤΟΣ: A Study of Spiritual Motion in the Philosophy of Proclus*, Brill, 1973.

L. P. Gerson, *Plotinus*, Routledge, 1994.

C. H. Kahn, *Essays on Being*, Oxford University Press, 2009.

J. Opsomer, "Proclus on Demiurgy and Procession: A Neoplatonic Reading of the *Timaeus*", M. R. Wright (ed.), *Reason and Necessity: Essays on Plato's Timaeus*, Duckworth, 2000, pp. 113-43.

J. Opsomer and C. Steel (tr.), *Proclus. On the Existence of Evils*, Duckworth, 2003.

H. D. Saffrey (ed.), *Sancti Thomae de Aquino super Librum de Causis expositio*, Seconde édition corrigée, J. Vrin, 2002.

C. Steel, "Why Should We Prefer Plato's *Timaeus* to Aristotle's *Physics*? Proclus' Critique of Aristotle's Causal Explanation of the Physical World", R. W. Sharples and A. Sheppard (edd.), *Ancient Approaches to Plato's* Timaeus, Institute of Classical Studies, 2003, pp. 175-187.

―――, "Proklos über Selbstreflexion und Selbstbegründung", M. Perkams and R. M. Piccione (edd.), *Proklos. Methode, Seelenlehre, Metaphysik*, Brill, 2006, pp. 230-255.

R. C. Taylor, "St. Thomas and the *Liber de Causis* on the Hylomorphic Composition of Separate Substances", *Mediaeval Studies* 41, 1979, pp. 506-513.

―――, "Remarks on the Latin Text and the Translator of the *Kalām fī maḥḍ al-khair/Liber de causis*", *Bulletin de philosophie médiévale* 31, 1989, pp. 75-102.

P. Thillet et S. Oudaimah, "Proclus arabe. Un nouveau *Liber de causis*?", *Bulletin d'études orientales* LIII-LIV, 2001-2002, pp. 293-367.

R. Walzer, *Al-Farabi on the Perfect State*, Oxford Clarendon Press, 1985.

J. Whittaker, "The Historical Background of Proclus' Doctrine of the ΑΥΘΥΠΟΣΤΑ-ΤΑ", Id., *Studies in Platonism and Patristic Thought*, Variorum, 1984 (reprint), pp. 193-230.

R. Wisnovsky, "Final and Efficient Causality in Avicenna's Cosmology and Theology", *Quaestio* 2, 2002, pp. 97-123.

F. W. Zimmermann, "Al-Kindī", M. J. L. Young, J. D. Latham and R. B. Serjeant (edd.), *Religion, Learning and Science in 'Abbasid Period*, Cambridge University Press, 1990, pp. 364-369.

小村優太「『原因論』の「ある」をめぐって② Anniyyah と Wujūd」,『新プラトン主義研究』第16号, 2016年, 25-26頁。

西村洋平「『純粋善について』の存在論——初期イスラーム哲学のプラトン主義とアリストテレス主義——」，土橋茂樹（編）『存在論の再検討』，近刊予定。

トマス・アクィナスにおけるアナロギアと比喩[1]

内山　真莉子

序

　トマス・アクィナスにおいて，アナロギア（analogia）的な言語使用は，以下のような仕方で説明される。或る一つの名が複数のものどもに使用されるとき，そのものどもの中でより先なるものが一つあり，それがその他の全てのものの説明内容の中に含まれることがある。例えば「健康」という名は，薬においては「動物の健康を作り出す」限りで語られ，尿においては「動物の健康を表す」限りで語られる。ここで，薬と尿どちらの説明内容の中にも動物が含まれることから，動物はそれらよりもより先なるものであることになる。このように，複数のものどもにおいて先後関係が認められ，さらにその関係のゆえに一つの名が共有されているとき，その名はアナロギア的に使用されると言われる。
　ところでトマスにおいて，厳密な仕方をとるならば，このようなアナロギア的な言語使用の下位区分として分けて定義し得るものがある。それは比喩（metaphora）である。比喩はアナロギア的言語使用の一種であり，多くは神について聖書などで象徴的に語られる事柄について用いられる（神は獅子である，は比喩的な言語使用の一例である）。そうした「神について語るという場面」において，比喩と狭義のアナロギア[2]を厳密に区別する際，その根拠となるものは不完全性である[3]。神につ

　1）　本稿ではmetaphoraの訳語として「比喩」を用いているが，以下で扱う限りでは，実質的には全て「隠喩」であることを付言しておく。
　2）　以下で用いる「アナロギア」は全て比喩を含まない狭義のアナロギアを指すものとする。
　3）　Cf. Thomas, *Summa Theologiae*, I, q. 13, a. 3, co.「或る名は神から被造物へと発出するこうした完全性を，神の完全性が被造物によって分有されることによる不完全な様態自体

いて比喩的に使用される名は，その名の表示内容に不完全性を含意している。実際，先に挙げた「獅子」は被造物に固有の名であり，それが物体的被造物の本性に関わる限りで何らかの物体的条件を含み，ゆえに不完全性を含意している。他方で神についてアナロギア的に使用される名は，不完全性を含んでいない。例えば「善」という名は被造物に対して使用することも出来るが，あらゆる被造の善に卓越した仕方で先立つ神について，本来的にはより先に使用するものである。つまり「善」はその表示内容に関しては神に固有に使用されるのであり，その際には不完全性は当然含まれない。「獅子」は，まさに被造物であるライオンという動物に固有の不完全性を含意する名であり，「善」は表示内容としては神に固有であり不完全性は含意されないという，こうした区別の基準は一見明快であるように思われる。

　しかしアナロギアは神について語るためだけに使用される訳ではない。先述の動物に固有に語られる「健康」も，アナロギア的言語使用の一例としてトマスがよく用いるものである。その場合，「健康」が述語付けられるいずれもが被造物であるため，先のような不完全性の含意の有無は区別の基準として最早有効ではない。では何故「健康」は，アナロギア的とされるのであって，比喩的ではないのか。

　以上の検討を踏まえ，本稿では被造物への述語付けに限った場合に，アナロギア的言語使用から比喩的言語使用はどのようにして区別されるのか，その基準についてトマスのテキストを整理することで，明白な仕方で提示することを試みる。実際，この区別については先行研究において検討されてきてはいるが，その多くが神について語る場合に焦点を当てながら説明している[4]。しかし本来的にはアナロギアとは比例関係を

が，その名の意味表示において含まれるという仕方によって意味表示する。例えば「石」は何らかの質料的な仕方で在るものを意味表示し，こうした名は比喩的にでなければ神に帰され得ない。」なお，トマスの著作の引用に関して，『神学大全』および『命題論注解』はレオニナ版，『命題集注解』はムース版を用いている。

　4) Cf. Ralph McInerny, "Metaphor and analogy", *Aquinas and Analogy*, Washington D. C., The Catholic University of America Press, 1996, pp. 116-136; James F. Ross, "Analogy as a rule of meaning for religious language", Anthony Kenny (ed.), *Aquinas. Modern Studies in Philosophy*, London, Palgrave Macmillan, 1969, pp. 93-138; George P. Klubertanz, *St. Thomas Aquinas on Analogy, A Textual Analysis and Systematic Synthesis*, Chicago, Loyola University Press, 1960. この中の McInerny の解釈に対し筆者はほぼ同意する立場であるが，

表す語であり、トマスが援用した元であろうアリストテレスにおいては、当然神に述語付ける方法論としては想定されていない[5]。それゆえ、もしトマスにおいて整合的な言語使用に関する体系があるとするならば、アナロギア的言語使用と比喩的言語使用は、神に関する言明以外の場面でも適切に区別されていなければならない。それを検討するのが本稿の主要な目的であり、トマスにおける言語使用の体系的統一の有無を考察する上での一助となることを期する。

1. 問題の整理

1.1 アナロギアと比喩——神の場合

先ずは、神において何らかの名がアナロギア的に語られるということがどのように説明されているのかを確認する。

> 複数のものどもについてアナロギア的に語られる全ての名は、それら全てが一つのものへの関係によって語られている必要があり、それゆえにかの一つのものは全ての名の定義のうちに置かれるのでなければならない。……
>
> しかし、このような名（「善」のように比喩的に語られるのではない名）は神について原因的のみならず本質的にも語られることが先に示されていた。というのも、「神は善である」ないし「神は知者である」と語られるとき、神が知恵や善性の原因であるということだけが表示されているのではなく、神においてそれらがより卓越した仕方で先在していることをも表示しているからである。それゆえ、こうしたことの限りで、名によって表示された事物に関しては、被造物についてよりも神についてより先に語られるのだと言われなければならない。何故なら、そうした諸々の完全性は神から被造物

結論に至るまでに神に対する比喩をも同じように扱っている。本稿は神と被造物に対する述語付けをプロセスとして一旦切り分けて考えてみることを試み、比喩とアナロギアの区別の基準が純粋に被造物に関する記述のみからも構築し得るかを検討し、一般的な形として取り出すことを目的としている。

5) アナロギアに関するトマスとアリストテレスとの関係は以下を参照のこと。井澤清「トマス・アクィナスにおけるアナロギア論とカエタヌス」、『中世思想研究』第40号、1998年9月、pp. 37-54; McInerny (1996).

へと流出しているのであるから⁶⁾。

　先ずはアナロギア的に語られるという事態全て（その下位区分である比喩も含まれる）に当てはまる前提として，何らかの一つのものへの関係を有する限りで名を共有しているのでなければならない，と説明されている。これは言わばアナロギア的に語るという行為の大原則とも言い得るものであろう。
　そして善や知者などの名は被造物のみならず神にも語られ得る名であり，その限りでそれらはアナロギア的に語られているとされ，さらにその名によって表示された内容に関しては神により先に当てはまるものとして語られることになる。実際，被造物においても善や知者であることなどは有意味に語られるのであるが，そうした被造の善や知恵は全て神から流出したものであるので，根源的には神において先在していたと理解されるべきであるからだ。
　他方で，比喩的に語られる場合はこれとは区別された事態として説明されている。比喩的に語られる場合も，先の大原則である「一つのものへの関係を有する」という形式は有している。その上で，トマスは以下のように述べる。

　　それゆえこのようにして，神について比喩的に語られる全ての名は，神についてよりも被造物についてより先に語られる。何故なら，神について語られたそうした名は，こうした被造物に対する類似性のみを表示しているからである。例えば，……神について語られる「獅子」という名も，獅子が自らの働きにおいてそうするように，神も自らの業において力強く働くようにしているということのみを表示している。そしてこのように，これらの名の表示は，神について語られる限りでは定義され得ず，ただ被造物について語られることによってのみ定義され得るということは明らかである⁷⁾。

---

6) Thomas, *Summa Theologiae*, I, q. 13, a. 6, co.
7) *Ibid.*

先のアナロギア的に語られる名との最大の相違は，その名の表示内容がより先には被造物に当てはまる，ということである。被造物により先に当てはまる名が，神の本性を表示し得るということはあり得ない。それゆえに，そうした名は神については比喩的に語られるとされなくてはならないのである。

1.2 アナロギアと比喩――被造物の場合

以上のように，神についてアナロギア的に語られる場合と比喩的に語られる場合とを区別する基準は，比較的明瞭だと言い得るだろう。では，被造物の中ではそれらはどのように区別されるのか。先ずは被造物においてアナロギア的に語られる名としてよく取り上げられる「健康」を例にとって検討してみよう。

> 名において，このこと（アナロギア的に語られるということ）は二通りに生じる。一つは，多くのものが一つのものに比を有することによってであり，例えば「健康」は薬と尿について語られるが，それは両者が動物の健康に対して，尿は徴として，薬は原因としてという秩序や比を有している限りでのことである。もう一つは，一方が他方への比を有することによってであり，例えば「健康」は薬と動物について語られ，それは薬が動物のうちにある健康性の原因である限りでのことである[8]。

アナロギア的に語られることが二通りに分けて語られているが，そのどちらでも「健康」は語り得る。つまりは，何らか一つのもの，ここでは動物の健康性であるが，それへの関係を有するがゆえに，その他のものども，すなわち薬や尿も「健康」であると語られることが出来るのである[9]。

他方で，比喩的に語られる場合は以下のように言われている。

---

[8] Thomas, *Summa Theologiae*, I, q. 13, a. 5, co.
[9] トマスはアナロギア的に語ることを二通りに分けて説明しているが，それは神について語るアナロギアを厳密に分けるためのものであり，本稿では議論が煩雑になることを防ぐために「何らか一つのものへの関係を有すること」とまとめた。

例えば草原について語られた「笑う」は、比の類似に即して、人間が笑うときに美しいように、同様にして草原が花咲くときに美しいことだけを表示する[10]。

「草原が笑っている」とは比喩的な表現であり、人間が笑うと美しいことと、草原が花咲くと美しいことが類似関係にあるがゆえに語られている。すなわち「人間の笑いの美しさ」という一つのものに対する関係性があり、その秩序（比の類似[11]）に基づき草原も「笑う」と言われているのだから、比喩的な語りも「何らかの一つのものへの関係を有する限りで名を共有する」というアナロギア的な言語使用の大原則に従っている。

しかし、何故草原についての「笑う」は比喩的であり、「健康」はアナロギア的なのか、ということについてはこの箇所からだけでは判然としない。では「健康」はどのようにして比喩的ではない、と言い得るのであろうか。以下にて、比喩的な言語使用の条件を詳細に確認することで考察を進めていきたい。

2. 比喩的な言語使用の条件

2.1 一つのものへの類似関係

ここでは、被造物に限った形で、比喩的に語られることについて説明されている箇所を抜粋し、比喩的な言語使用の条件を洗い出していく。先ず着目するのが「類似（similitudo）」である。

> 先述の正義の正直(せいちょく)さは、魂の健全さと魂の新しさと比喩的に言われる。というのも、健全さは身体の部分における然るべき協約性をもたらすのに対し、新しさは高潔さと徳と美しさを有しているからである。こうした全てのことから、正義と言われる魂の諸能力の

---

10) Thomas, *Summa Theologiae*, I, q. 13, a. 6, co.
11) アリストテレスは『詩学』(1457b6) において比喩を「(a)類から種への適用、(b)種から類への適用、(c)種から種への適用、あるいは、(d)類比関係にもとづく適用」（『アリストテレス全集18』所収、朴一功訳、岩波書店、2017年、p. 549）と分類している。しかしこの箇所でトマスは「比の類似に即して」と述べていることから、アナロギア的（つまり類比的）用法の中の比喩に限定していると思われる。

正直さはこれら全てを類似を通じて含んでいるということが明らかである[12]。

この箇所からは，何らかの事物が類似を通じて或るものを含むことで，その或るものに関する名がその事物に比喩的に語られ得る，という比喩的な語りの構造の一端が窺える。正義という魂の正直さにおいて健全さと新しさに関する類似性が見出されるがゆえに，それは健全である，ないし新しいと比喩的に言われることが出来るのである。こうした類似関係については，さらに以下のようにも述べられている。

> 比喩的に語られる諸々の事柄においては，多様な類似に即して同じものが多様なものへと帰されることは全く妨げられない。この事に即して，自分自身に属するものだけでなく他者に属するものをも癒すように，愛する者の情動が他者へと延長される限りで，何らかのそうした延長の性格によって拡大は愛に関わっている[13]。

ここで着目したいのは，比喩における類似の仕方自体は一通りでなくともよい，ということである。つまり比喩的に語られる名は，多様な類似に即して多様なものに語られることが出来る。それらがどのような仕方で類似していると言い得るかは事物によって異なるのだが，総じて或る一つのものへの類似関係を有しているという限りで，同じ名が比喩的に複数のものどもに語られることになるのである。

ところでこうした類似とは，形相に基づくものであることには留意されたい。実際，トマスは類似性について説明する際「類似性は形相における合致ないし共通性に即して認められる[14]」と述べている。すなわち，比喩的に或る一つの語が述語付けられているものどもは，何らかの仕方でその或る一つの語に対する形相的な合致ないし共通性を有しているということになるのである。

以上から，「何らかの仕方で或る一つのものへの形相的類似関係を有

---

12) Thomas, *In IV Sententiarum*, d. 17, q. 1, a. 1, qc. 3, co.
13) Thomas, *Summa Theologiae*, I-II, q. 33, a. 1, ad 1.
14) Thomas, *Summa Theologiae*, I, q. 4, a. 3, co.

していること」を比喩的な言語使用の条件の一つ目としたい。

2.2 名と名が表示するもの

比喩的な言語使用の条件の一つ目を「一つのものに対する形相的類似関係」に求めたが，それとは別の条件について，以下にて検討する。

> 悲しみが人間を飲み込むと言われるのは，悲しみをなす悪の力が完全に魂を弱らせ，結果として悪を避けるあらゆる希望を排除するような際のことである。そしてこのようにして，同じ仕方で（悲しみは）重くし，飲み込みもする。というのも，固有性に即して受け取られるならば，自らに背馳すると思われるような諸々のものが，比喩的に語られる事柄においてはそれに随伴するからである[15]。

これは異論解答としてトマスが悲しみの作用を解説している箇所であるが，何らかのものが比喩的に語られる際の特徴について着目すべき点がある。すなわち，何らかの名が或る事物に対して比喩的に語られる場合，その名がその事物にとっては「固有性（proprietas）」に背馳する，すなわち固有ではない内容となることがあり得る，ということである。それゆえ悲しみは人を飲み込みもするし，（飲み込めば本来は重くさせないはずだが）重くもすると語り得るのである。ところで，この固有性に即して受け取られる，背馳するとは一体どういったことであるのか。これに関して，トマスは別の箇所で以下のように述べている。

> 或る名は二通りに共有可能であり得，一つは固有にであり，他方は類似によってである。固有に共有可能な名は，名の全体的な表示に即して多くのものに共有可能なものである。他方で類似によって共有可能な名は，名の表示の中に含まれているもののうちの何らかのものに即して共有可能なものである。実際この「獅子」という名は，「獅子」という名が表示する本性が見出される全てのものに固有に共有される一方で，勇敢さや強さといった獅子に属する何らか

---

15) Thomas, *Summa Theologiae*, I-II, q. 37, a. 2, ad 3.

のものを分有するものには類似によって共有可能であり，そうしたものどもは比喩的に「獅子」と言われる[16]。

　或る名が固有に共有されるとは，例に即して言えば「獅子」という名が，獅子の本性を有する全てのものに当てはまるということである。即ち，名が固有に共有されるとは，名の表示する本性と対象が有する本性が同一である場合を指している。
　他方で固有に共有されるのではない場合，名が固有に表示する本性を有する対象の何らかの性質を分有する（participare）ものどもによって，名が共有される。例に即して言えば，「獅子」という名が固有に表示する本性を有する対象（獅子）の附帯性である「勇敢さ」を分有する或る人物も，類似によって「獅子」と言われ得る，ということである。そしてこれが比喩的な名付けだとされている。確かに，人間の本性と獅子のような動物の本性は，理性的動物と非理性的動物といったように互いに排反している。しかし附帯性に限るならば，獅子と同じ附帯性を人間が有することはあり得ることである。一種の分有に即しつつ固有性に背馳する名が述語付けされる際に，比喩的な語りとなるのである。
　このように理解すると，比喩的な言語使用のもう一つの特徴を明らかにすることが出来る。すなわち，名と名の表示内容の間に本性に即した合致が見られない場合が比喩的な語りである，というものである。引用文の例に即すと，「獅子」という名を獅子に付与する際は，その「獅子」という名は獅子の本性である「ネコ科の大型な非理性的動物」を表示しており，名と名の表示内容は本性に即して合致している。しかしながら「獅子」という名を人間に付与する際には，その「獅子」という名は「勇敢さ」のみを表示しているのでなければならない。何故なら獅子の本性を表示しているのでは，人間に付与することは出来ないからである。つまり後者のような語り方の場合，「獅子」という名が表示する内容に獅子の本性は含まれていない，ということになる。あくまでも「勇敢さ」は獅子にとっては附帯性であり，そうした部分的な類似関係ないし分有があるのみだからである。こうした事態を指して，名が事物の固有

---

16) Thomas, *Summa Theologiae*, I, q. 13, a. 9, co.

性に背馳することがあり得るとされているのである。よって「述語付けられている名が表示する内容に，その名自体もしくは名が表示する本性的内容が含まれていないこと[17]」を比喩的な言語使用の条件の二つ目としたい。

2.3 比喩的に語られるという事態の図式化

以上までで，被造物について語る際の比喩的な言語使用の条件を二つ洗い出した。一つは，「何らかの仕方で或る一つのものへの形相的類似関係を有していること」であり，もう一つは「述語付けられている名が表示する内容に，その名自体もしくは名が表示する本性的内容が含まれていないこと」である。この条件が揃うことで，或る名は何らかの対象に比喩的に使用されていると言い得ると考えられるが，さらにトマスにおける名と事物との表示関係を合わせて整理して，図式化してみたい[18]。

トマスは「声も魂の受動の徴であり，さらに魂の受動は諸事物の類似性であると（アリストテレスは）述べる。これは，感覚ないし知性において存する事物自体の何らかの類似性によってでなければ事物は魂によって認識されないからである[19]。」と述べ，そして魂の受動（passio）とは知性の懐念（conceptio）であると説明している[20]。すなわち，声である名は魂の受動として知性の懐念を表示し，さらに知性の懐念は事物の類似性であるため，当の事物の本質を表示する[21]。よって，これら

---

17) 引用文では，こうした「名が表示する本性が含まれていない」，つまり部分的に附帯性が類似しているのみであることを，「何らかのものを分有する」と表現していると思われる。「分有」は存在論的にも用いられる語であるため，文意を明確にする意図も込めて，敢えて条件説明に使用することを避けた。

18) トマスのアナロギアや比喩などの言語使用に関わる議論においては，年代に応じて発展的に変化している，ないし統一的見解はないといった意見が多く見られる。Cf. Klubertanz (1960); Bernard Montagnes, *La doctrine de l'analogie de l'être d'après Saint Thomas D'Aquin*, Louvain, Publications Universitaires, 1963; Herbert McCabe, "Appendix 4, Analogy", *St Thomas Aquinas. Summa Theologiae*, vol. 3, London, Blackfriars, 1964, pp. 106-107; 芝元航平「トマス・アクィナスにおけるアナロギア理解の発展について」，『中世思想研究』第47号，2005年9月，pp. 37-52. しかしもしモデル作成が出来，それでトマスの議論を統一的に説明可能であるならば，整合的体系性があると主張し得るだろう。

19) Thomas, *In I Peryerm*, l. 2, 16a6, 196-201.
20) Thomas, *In I Peryerm*, l. 2, 16a3, 117.
21) Thomas, *Summa Theologiae*, I, q. 13, a. 1, co. 「この人間という名がその表示において，人間である限りでの人間の本質を表現するように。……何故なら，（人間という名が）

をまとめると『名 (nomen) →知性の懐念 (conceptio) →事物の本質 (essentia) →事物 (res)』という表示関係があることになる。また，比喩的言語使用の条件の一つ目である類似関係は形相的であるので，知性の懐念のレベルで見出されると思われる。それゆえ，或る比喩的に用いられている名 (n) が二つの事物 (r_1, r_2) に述語付けられているということは，以下のように図式化出来るだろう。

矢印は名および懐念の表示関係の方向性を表しており，双方向の矢印は，その表示関係が本性的内容を含むものであることを意味する。或る名 (n) は二つの事物 (r_1, r_2) に述語付けられており，それぞれの何らかの本質 (e_1, e_2) に対応した懐念 (c_1, c_2) を表示している。そして (c_1) と (c_2) は何らかの形相的類似関係を有しているのだが，(n) は (r_2) から得られた懐念 (c_2) を本性的内容を含む仕方で表示する一方で，(r_1) から得られた懐念 (c_1) をそのように表示する訳ではない，ということになる。これが，或る名が比喩的に語られている際に生じている事態であるとすることが出来るだろう。

それでは以下にて実際の使用例に適切に当てはめ得るのかを確認したい。さらには，アナロギア的に語られている場合にも当てはめてみることで，被造物における比喩的言語使用とアナロギア的言語使用との間に生じる相違について明らかにしていく。

3. アナロギア的言語使用と比喩的言語使用

3.1「笑う」

先ずは，比喩的な表現とされたものについて，上記の図式が当てはまるかどうかを確認する。例として，先にも引用した「草原が笑う」を取り上げる。草原が「笑う」と語られるのは，人間が笑うと美しいように，

表示するのは，人間の本質を明らかにする人間の定義であるから。実際，名が表示する概念は定義である。」

草原も花咲くと美しいからであり，その形相的類似関係に基づき比喩的に名付けているのであった。

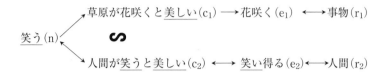

人間にとって何らかの本質に即した内容である「笑い得る」に対して，或る人が「美しい」と感じる際に，「人間は笑うと美しい」という懐念が得られる。そして「笑う」という名は，そうした人間の本質に即した内容を表示している。他方で，草原にとって何らかの本質に即した内容である「花咲く」に対して，或る人が「美しい」と感じる際に「草原は花咲くと美しい」という懐念が得られる。そして草原に対して述語付けられた「笑う」という名は正にこのことを表示しているのであるが，しかしながら「笑う」という名それ自体にとっては「草原が花咲くこと」は本性的内容ではない。それゆえ草原に対する「笑う」は，或る人の懐念における「美しい」という附帯性の類似関係に基づき人間から転用されたものであり，述語付けられている名が表示する内容（草原が花咲くと美しい）に「笑う」という名の本性的内容（笑う）が含まれていない。しかしながら両者の間には「美しい」という点での形相的類似関係は保持されている。よって，草原に対して「笑う」は，比喩的に用いられていると判断されるだろう。

3.2 「健康」

続いてアナロギア的に語られる場合について検討したい。例として挙げるのは「健康」である。「健康」は，動物・薬・尿と複数の事柄についてアナロギア的に語られる名である。動物は健康の基体であって，健康性を有するものであり，それに対し薬は動物の健康を原因するものという関係を有している。そしてその健康に対する関係のゆえに，「薬は健康である」と語られるのである（日本語の感覚としては違和感があるかもしれないが，サプリメントなどを指して「これは健康的である」と説明することは可能であろう）。では動物と薬を図式化してみよう。こ

こでは，動物の血行を改善する効果を有する薬を例に挙げる．

比喩的な表現との相違点を確認するならば，名が二つの事物それぞれの懐念に含まれている，ということである．「健康」それ自体が動物の健全な状態を表す名であることから，動物に述語付けられる際は，名の表示内容（動物の健康）と事物の本質に即した内容（動物は健康の基体となる）は合致する．他方で薬に関しては，「動物の健康を原因する」という懐念は，薬にとっても「健康」という名にとっても本性的内容とは言えない．しかしながら，動物にとって血流が良くなることが何らかの身体的不調の解消に繋がることは客観的事実として認められるものであり，薬が有するそうした動物の健康への関係のゆえに，薬について「健康を原因する」という懐念が作られている．このようにして，「動物が健康である」および「薬が健康である」と語る際に，動物と薬それぞれの懐念に「健康」が含まれる．よってこの語り方は，或る一つのものへの関係に基づき行われているが，述語付けられている名が表示する内容のどちらにも，その名自体が含まれているので，比喩的ではないと判断されるのである．

結　語

　本稿は，被造物に関する記述において，アナロギア的言語使用から比喩的言語使用はどのようにして区別されるのか，その基準についてトマスのテキストを整理することで，明白な仕方で提示することを目標としていた．それに対し，比喩的な言語使用の図式モデルを作成し，そのモデルを用いながら被造物における比喩的言語使用とアナロギア的言語使用とを説明してみることで，両者の相違点を明らかにすることが出来た．それは「述語付けられている名が表示する内容に，その名自体が含まれているかどうか」というものである．比喩的な言語使用の場合，名は一方から他方へと，何らかの形相的類似関係に基づき転用されたものであ

る。それゆえ，例えば「笑う」という名それ自体にとっては「草原が花咲くこと」は本性的内容ではなく，そこに「笑う」が含まれてもいないように，名と事物の懐念が直接に結びつくことはないのである。しかしアナロギア的な言語使用の場合，名と事物の懐念とは直接結びついている。それは「健康」という名が，薬の懐念である「動物の健康を原因する」に含まれていることから明らかなようにである。つまり「健康」という名は，それ自体の本性的内容として薬の懐念を表示する訳ではないが，薬と動物の懐念は「健康」という点で関係を有しており，その「健康」という関係のゆえに薬に「健康」が述語付けられている，ということになるのである。こうしたことが両者の相違を生む一つの要因と言えるだろう[22]。

最後に，比喩的言語使用における恣意性について触れておきたい。例えば，もし或る人物が，人間と草原の類似関係を「人間は食べるとき美しい」と「草原は花咲くとき美しい」という点で見出したとするならば，「食べる」という名を両者に述語付けて，両者に類似している美しさを表示するよう用いることも十分可能である（その際「草原は食べる」と表現される）。しかしアナロギア的言語使用では，名が懐念自体に含まれているので，そうしたことは出来ない。このように，類似関係を見出す点によって述語付けする名が多様であり得るということは，比喩的な言語使用における恣意性として認められるものであろう。それと比較すると，アナロギア的言語使用は類似関係の見出し方に何らかの合理性があることになり，より限定的な言語使用であると言うことが出来るだろう。

以上までの検討により，被造物におけるアナロギア的言語使用と比喩的言語使用の相違点について，一般化する形でその一端を示し得た。これを以て小論を閉じたい。

---

22) 本稿の結論と McInerny (1996) における結論は内容的に近い。それゆえ比喩的言語使用の図式に関しては，神への比喩的言語使用の場合でも同じ仕方で当てはめることが出来ると思われるが，紙幅の関係上，詳細な検討は今後の課題とする。

トマス・アクィナスにおける永劫の問題

菅 原 領 二

序

　中世哲学において,「永劫(aevum)」という概念がある[1]。これは「永遠(aeternitas)」と「時間(tempus)」の間に位置する持続の尺度であり,霊的実体や天体を測る尺度である。先行研究において,この概念は1990年以前にはあまり注目されておらず,研究の対象になることも稀であった。しかし,1996年にPorroの研究が現れる[2]。この研究は永劫概念の成立の歴史を示しつつ,中世哲学全体における永劫概念の見取り図を描くものであった。このPorroの研究以降,永劫概念は研究対象として注目を集めることとなり,永劫研究は単なるパラフレーズにとどまらず,踏み込んで解釈する傾向を持つようになる。Crossの研究[3]や,Foxの単著[4],Porroの編纂した論文集[5]がこの種の研究と言えるであろう。以上が中世哲学全体の永劫研究の動向である。

　そうした動向の中で,トマスの永劫概念はどのように評価されてきたか。大要は次の通り。上述の諸研究は13世紀の永劫理解が二つの立場に区分されることを示していた。すなわち,一方は永劫を時間のように

---

　1) 以下で引用,参照したトマスのテキストは基本的にレオ版に依拠したが,『能力論』,『命題集註解』については前者はマリエッティ版に,後者はマンドネ版に依拠した。なおラテン語の綴りについては慣用のものに改めたところがある。
　2) Cf. P. Porro, *Forme e modelli di durata nel pensiero medievale*, Leuven University Press, 1996.
　3) Cf. R. Cross, "Angelic Time and Motion: Bonaventure to Duns Scotus", T. Hoffmann (ed.), *A Companion to Angels in Medieval Philosophy*, Brill, 2012.
　4) Cf. R. Fox, *Time and Eternity in Mid-Thirteenth-Century Thought*, Oxford University Press, 2006.
　5) Cf. P. Porro(ed.), *The Medieval Concept of Time*, Brill, 2001.

より先とより後を持つと理解する立場（永劫延長主義）であり，他方はより先とより後を持たないと理解する立場（永劫非延長主義）である。トマスの永劫は後者の永劫非延長主義者の内に位置付けられてきた。しかし，それらの諸研究ではトマスの永劫概念における統一的な見解の不在が主張されてきた。言い換えれば，トマスの永劫は非延長的理解に属するが，それ以上の永劫の規定に関してトマス自身の一貫した見解の存在は疑われてきた。例えば，Fox はトマスの永劫の時期的な変遷を主張し[6]，Porro は「よく区別された二つのモデル」の存在を主張していた[7]。この種の解釈の結果，トマスの永劫と永遠の区別は「重要な点において甚だしく曖昧である[8]」という否定的な評価を受けることになる。

以上のような諸研究とは異なり，本研究が目標とするのはトマスの永劫概念の統一的な理解の提示である。たしかにトマスは永劫を論じる際に，テキストごとに異なる主張をしているようにみえる。しかし，これらの主張は対立しているのではなく，永劫に関するトマスの見解の部分にすぎない。そして，深層においてトマスの永劫概念は統一的なものであり，これを踏まえるのであれば，トマスの永劫に対して先の否定的評価を下すことには留保の余地がある。これが本研究の主張である。

論述は以下のように進む。まずは各テキストごとの永劫に関する特徴付けを確認する。Porro のトマスの永劫に関するモデル区分[9]に即して，第一章では第一のモデルに対応するテキスト（『命題集注解』，『任意討論集』）を検討し，第二章では第二のモデルに対応するテキスト（『神学大全』）を検討しよう。この作業により，一見するとトマスの永劫に関する規定にテキストごとのズレがあることが見出されるだろう。第三章においては表面的な規定の違いの背後にある一貫した理論が主張されるとともに，永劫に関する包括的な定義の案出が試みられることになる。

---

6) Cf. Fox (2006), pp. 271-272.
7) Cf. Porro (1996), pp. 113-114.
8) Cf. Fox (2006), p. 272.
9) この Porro の二つのモデルとは，『命題集注解』や『任意討論集』におけるモデル，もう一つは『神学大全』で描かれるモデルである。

1．第一のモデル

まず第一のモデルに対応するテキストにおける永劫の規定を確認しよう。ここでは『命題集注解』と『任意討論集』の記述が検討される。

1.1 『命題集注解』における永劫

『命題集注解』第二巻第二区分第一問題第一項主文では，永遠と永劫，時間の違いが次のように述べられる。

> ゆえに次のことが言われるべきである。時間はより先とより後を持つ尺度であり，他方で永劫はそれらを持たない尺度である。理由は以下の通り。尺度の性格は測られるものから受け取るのでなければならない。さて，永劫で測られるところの天使の存在は，変転を欠く不可分なものである。ゆえに，永劫はより先とより後を持たない。ところで，時間によって測られる運動はある種の継起によって完成される。ゆえに時間においてはより先とより後が見出される。さて，永劫は永遠から異なるのであるが，これは次の二つの点で天使の存在が神の存在から異なるようにである。第一に，〔天使の存在と神の存在が異なるのは〕神の存在は存在するところのものであるから，神の存在は自体的に存立しており，他方で天使においては存在と存在するところのものが別々であるからである。第二に，〔天使の存在と神の存在が異なるのは〕天使の存在は他のものによるが，神の存在はそうではないからである。ここから，天使の存在が神の存在のある種の分有であるのと同様に，永劫も永遠のある種の分有であることは明らかである……[10]。（括弧内引用者補足）

この箇所では，尺度の性格は測られるものから受け取られるという前提のもと，各々の尺度が区別され，その性格が規定されている。永劫によって測られる天使の存在は変転を欠く不可分なものであるため，永劫はより先とより後を持たない。他方で，時間によって測られる運動は継

---

10) *In II Sent.*, d. 2, q. 1, a. 1, co.

起によって完成されるため，時間はより先とより後を持つ。この点で永劫と時間は区別される。そして，永遠と永劫は天使の存在と神の存在が異なるのと同様の仕方で区別される。それによれば，神の存在はそれ自身で存立するのに対して，天使の存在はそうではない。そして，神の存在は別のものに由来しないが，天使の存在は由来する。このような存在論的な規定に基づいて，永劫が「永遠のある種の分有」であると言われている。

注目すべきは永劫と永遠の区別の際にトマスが依拠している議論である。それは，いわば存在の自立性や，存在と存在するところのものとの同一性に関わる議論であった。『命題集注解』においては永劫と永遠を区別するためにこの種の存在のあり方や現実態に依拠する議論が散見される[11]。先行研究において永劫に関する統一的な見解の有無が論じられる時，問題となるのは永遠との関係で永劫を捉えた際の規定である。時間との関係においては，それ自身でより先とより後を持たないという永劫の規定はトマスのテキストにおいて一貫している。反対に永遠との関係に関しては，以下に示すように永劫の規定に諸テキスト間での相違が見出される。

1.2 『任意討論集』における永劫

ついで『任意討論集』における永劫の規定を確認しよう。『第十任意討論』第二問題第一項第四異論回答においては次のように永遠と永劫の違いが主張される。

> 第四のものに対しては次のように言われるべきである。永遠と永劫の間には三つの違いが指定されうる。その内の一つは上述のことから取られうる。実際に，永遠が永遠的なものの実体そのものを測るのは，その実体が実在界において (in rerum natura) 存在することに即して，すなわちそれに対して帰される全てのものとともにである。他方で既に述べられたように，永劫はそうではない。他の違いは次のことに基づいて取られる。永遠は自体的に存立する存在を

---

11) Cf. *In I Sent.*, d. 8, q. 2, a. 2, co.; *In I Sent.*, d. 19, q. 2, a. 1, ad 5.

測る。ゆえに永遠は永遠的なものの実体と同一である。他方で永劫は創造された存在を測るが，その存在は自体的に存立するものではない，なぜならその存在は創造された有の実体と異なるからである。第三の違いは次のことに基づいて取られうる。永劫は終わりの側から制限不可能であるが，しかし始まりの側からはそうではなく，他方で永遠は両方の側から制限不可能である[12]。

ここでは永遠と永劫に関する三つの違いが措定されている。この第一の違いに関しては主文で述べられていたことが関連している[13]。そこでは事物について語る仕方が二種類あると述べられていた。すなわち，事物が実在界においてあることに即して語る仕方と事物が我々の考察においてあることに即して語る仕方である。第一の仕方によれば，実体がその状態（dispositio）と作用とともに受け取られる。この場合には，同時に全体である持続は神にのみ適合する。なぜならば，神のみが，本質のみならず本質に関係する事柄全てに関して不可変であるからである。反対に，第二の仕方によれば作用や状態が切り離され，実体のみが受け取られる。永劫は第二の語り方においてのみ天使に適合する。第四異論回答においては，このような主文の内容に基づいて，永遠は実体とそれに関わる全てのものを測るが，他方永劫は実体のみを測ると述べられている。

第二の違いは測られるものの違いである。すなわち，自らによって存立するものを永遠は測り，そうではないものを永劫は測る。第三の違いは「始まり」と「終わり」に関するものである。すなわち，永劫は終わりを持つことができず，始まりを持つ[14]。

---

12) *Quodlibet X*, q. 2, a. 1, ad 4.
13) Cf. *Quodlibet X*, q. 2, a. 1, co
14) この『任意討論集』のテキストにおいて，永劫は終わりの側から制限不可能である（sit interminabilis ex parte finis）と言われるのに対して，『神学大全』においてトマスは永劫が終わりを持つ可能性を認めている（*ST*, 1, q. 10, a. 5, co.）。本稿はこの二つの矛盾するように思える記述を次のように整合的に解釈する。小山田が指摘するように，永続的な被造物はその本性に関しては不可滅的であるが，存在と本質の複合物として見られれば無に帰されうる。Cf. 小山田圭一，「神は自らを無に帰することができるか」，『中世哲学研究』，第三十三号，2014年，pp. 61-64. よって，永劫によって測られる被造物の本性にのみ注目するのであれば，永劫は制限不可能であるが，存在と本質の複合物として見られるのであれば，

ここで永遠と永劫について述べられていることと,『命題集注解』で述べられたことには共通点と相違点がある。共通するのは, 第二の違いである。この仕方による永劫と永遠の区別は『命題集注解』においても確認されていた。そして『任意討論集』では永遠が永遠的な実体と同一であると述べられていることから, 永劫は永劫的な実体とは異なるということも導出されるだろう。すなわち, 測られる事物と尺度との非同一性である。他方で,『命題集注解』の記述と異なるのは第一の違いと第三の違いである。これらは『命題集注解』においては強調されてはいなかった。このようにテキストを『命題集注解』と『任意討論集』に限定したとしても, 永劫と永遠の区別に関する規定に何らかの差異があることが認められる。

2. 第二のモデル

ついで, Porro により第一のモデルとは異なると解釈され, Fox により『命題集注解』とのアプローチの違いが強調された『神学大全』第一部第十問題第五項主文の永劫に関する記述を確認しよう。

> ゆえに次のことが言われるべきである。すなわち, 永遠は恒存する存在の尺度であるため, あるものが存在することの恒存性から離れる限りで, それは永遠から離れる。さて, ある種のものはそれらの存在が転変の基体であるまたは転変において存する限りで存在することの恒存性から離れ, この種のものは, すべての運動とさらにはすべての可滅的なものどもの存在のように時間によって測られる。他方である種のものはそれらの存在が転変においては存せず, 転変の基体でもないため, 存在することの恒存性からあまり離れないが, しかし現実態または可能態において, 結び付けられた転変を持つ。このことは諸天体において明らかであり, それらの実体的存在は非転変的であるが, しかし諸天体が非転変的な存在を持つのは場所に即しての転変性とともにである。同様に諸天使についても次のこと

永劫は終わりを持ちうる。『任意討論集』においては前者の観点で永劫が考察されており,『神学大全』においては後者の観点で永劫が考察されていると本稿は解釈する。

は明らかである。それらはそれらの本性に属する限りでの選択に即した転変性とそして自らの仕方による，諸々の知性認識と感情と場所の転変性とともに非転変的な存在を持つ。そしてゆえに，この種のものは永遠と時間の間にあるところの永劫によって測られる。他方で永遠が測るところの存在は可変的でもなく，可変性に結び付けられてもいない。ゆえにこのように，時間はより先とより後を持ち，他方で永劫は自らの内により先とより後を持たないが，しかしそれに対してより先とより後が結び付けられることができ，他方で永遠はより先とより後を持たず，より先とより後と両立することもない[15]。

　ここでは永遠が恒存的な存在を測ると前提された上で，存在が恒存的な存在から離れるに応じてそれに対応する尺度は永遠から離れ，永遠からの距離によって各々の尺度の性格が規定されている。さて，ある種のものはその存在が転変においてなく，転変の基体でもないため，存在することの恒存性から離れてはいない。しかし，この種のものは結び付けられた転変を持ちうる。天体ならば場所に関する転変であり，天使ならば選択や知性認識に関する転変である。ゆえにこの種のものの存在は非転変的であるが，作用に関して転変性を持っている。このため，この種のものを測る永劫はその内により先とより後を持っていないが，それに対してより先とより後が結び付けられうる[16]。
　このように『神学大全』の永劫の規定は，より先とより後が結び付けられうる，というものである。これは異論回答でも強調されており，「永劫は同時に全体的であるが，永遠ではない，というのもそれはより先とより後と両立するからである[17]」と述べられている。そして『能力論』第三問題第十四項第九異論回答においても，「永劫に継起が結び付けられる……反対に永遠は継起を含まず，継起と結び付けられない[18]」

---

15) *ST*, 1, q. 10, a. 5, co.
16) ただし，天使が持っている働き等に関してはより先とより後があるという意味で「時間」によって測られるものの，この種の時間は「離散的な数(numerus discretus)」であると言われ，非連続的である。Cf. *In II Sent.*, d. 2, q. 1, a. 1, ad 4.「離散的時間」の歴史的成立とその哲学的問題に関しては，Porro(1996), pp. 267-383 を参照。
17) *ST*, 1, q. 10, a. 5, ad 2.

と言われる．この種の永劫の規定は『命題集注解』や『任意討論集』においては見られなかったものであり，このことがトマスの永劫概念の一貫性を否定する根拠となっている．

3．トマスにおける永劫概念の統一的理解とその包括的定義

以上ではトマスの永劫に関する諸規定が主に永遠との区別の文脈においてテキストごとに異なっていることが確認された．ここでは諸規定の相違がトマスの永劫概念についてそれが時期的に変遷した（Fox），または二つのモデルがある（Porro）ことを意味せず，それらが統一的に理解できることを示すとともに，永劫の包括的な定義を試みる．

3.1 永劫の諸規定

さて，既に確認された永劫の規定を以下に列挙してみよう．

a. それ自身においてより先とより後を持たない（『命題集注解』，『神学大全』）

b. 測られるものの存在の非自存性[19]，そこから帰結する尺度と測られる実体の非同一性（『命題集注解』，『任意討論集』における第二の違い）

c. 作用等から切り離して対象を測る（『任意討論集』における第一の違い）

d. 始まりを持つが，終わりは持ちえない（『任意討論集』における第三の違い）

e. より先とより後が結び付けられうる（『神学大全』，『能力論』）

これらの諸規定について注釈を加えておこう．まず，複数のテキストにおいて共通に見出されるのは a である．時間と永劫が異なることを主張する際にトマスはこの規定に依拠する．反対に，永遠との違いを説明する際にトマスが依拠する永劫の規定は安定していない．そして d のタイプの規定はトマスにとって本質的ではないと思われる．理由は次の

---

18) *De Potentia*, q. 3, a. 14, ad 9.

19) この定式化は次の三つの意味を含む．すなわち，(1)天使の存在がそれ自身で存立するもの（per se stans）ではなく他のものによるもの（ab alio）であること(2)天使の存在と本質が同一ではないこと(3)天使の存在が（存在とは区別された本質等の）他のものによって受け取られていること，この三つを含意している．

通り。

　トマスは永劫を規定する際に主に次の二つの立場を批判する[20]。一方は永劫がより先とより後を持つが，時間とは異なり「新しくなること（innovatio）」と「古くなること（veteratio）」を持たないとする立場であり，現代の研究者によって永劫延長主義へと整理される立場[21]である。他方は尺度を「始まり」と「終わり」を実際に持つかどうかによって規定し，永劫を「終わり」を持たないが，「始まり」を持つと理解する立場である。前者に対するトマスの批判は，持続におけるより先とより後は，「新しくなること」と「古くなること」から切り離されないため，この規定は不可能というものである。後者に対する批判は，現実的に「始まり」と「終わり」を持つかどうかに依拠する尺度の捉え方は本質的ではないというものである。すなわち，もし神が天使の存在を永遠から存在するようにしたのであれば，永劫は永遠と同じように「始まり」も「終わり」も持たないことになるが，それでも依然として永劫は永遠と区別されるためこの定義は認められない，というようにトマスはこの立場を批判する。dの規定もまた，永劫が現実的に「始まり」を持つことを意味するため，後者の立場に整理されるだろう[22]。よって，この規定はトマスの永劫概念に対して本質的ではないと解釈できる。ただし，なるほど現実的に「始まり」と「終わり」を持つかどうかは非本質的だが，これらを持ちうるということ[23]，すなわち「始まり」と「終わり」を持つ可能性は，後述するeと同様に本質的である。なぜならば，この可能性そのものが永遠と永劫との区別の指標となるからである。

3.2　尺度の決定基準

　以上のようなそれぞれ異なる永劫の規定に対して統一的な解釈をおこなうため，トマス自身が尺度の性質をどのように決定しているのかを確認しよう。トマスは『命題集注解』において次のように語っていた。

---

20)　トマスの他の立場に対する批判としては *In I Sent.*, d. 19, q. 2. a. 1. co.; *In II Sent.*, d. 2. q. 1. a. 1. co.; *ST*, 1, q. 10, a. 5, co. を参照。

21)　Cf. Fox (2006), pp. 255-273; Cross (2012).

22)　この『任意討論集』の規定の本稿の解釈と，この規定が永劫は「終わり」を持ちうることと矛盾しないことに関しては注14を見よ。

23)　このことはトマス自身も認めている。Cf. *ST*, 1, q. 10, a. 5, co.

したがって，各々の事物に対して固有の尺度が対応するのであるから，その尺度の本質的な違いは測られる現実態の条件に即して受け取られなければならない[24]。

このテキストにおいては，永遠や永劫等の尺度の違いが測られるものの現実態の条件から受け取られると述べられている。ここから，違いのみならず尺度そのものの性格もまた，測られるものの現実態のあり方に応じて決定されると解釈できるだろう。このことを踏まえるのであれば，先に示された諸規定は全てこの永劫によって測られる現実態としての存在のあり方に基づいて導出されるように思われる[25]。

まず，a に関してトマス自身が「さて，永劫で測られるところの天使の存在は，変転を欠く不可分なものである。ゆえに，永劫はより先とより後を持たない[26]」と述べている。ゆえに，この規定は天使の存在が変化せず，より先とより後の分割を受け入れないことから導かれるだろう。

b に関しては永劫的な被造物は存在と同一ではないということから導出されるだろう。トマスは全ての被造物が存在と同一ではないことを認めていた[27]。したがって，永劫的被造物の存在の現実態はそれを持つものとは区別され，自存するものではない。そして現実態を指し示す永劫もまた，それを持っている事物と区別されることになる。

c に関しては次のように導出される。トマスは全ての被造物において，その存在と作用（actio）が別々のものであることを認めている[28]。よって，永劫が存在の現実態を測るものである以上，その射程は存在にしか及ばず，作用を測るには至らない。そのため，永劫は作用を切り離して対象を測る。

e に関しては次のように導出される。天使の存在の現実態は天使を基体として，作用と共に成立しうる。このことは第二章において引用され

---

24) *In I Sent.*, d. 19, q. 2, a. 1, co.
25) 以下では主に天使の現実態のあり方を参照して，永劫の諸規定を導出することを試みるが，先の『神学大全』のテキストから明らかなように天体もまた永劫によって測られるものであり，天体の現実態に基づいて永劫の規定を導出することも可能である。
26) *In II Sent.*, d. 2, q. 1, a. 1, co.
27) Cf. *Quodlibet II*, q. 2, a. 1, co.; *S. C. G*, 2, c. 52; *ST*, 1, q. 50, a. 2, ad 3.
28) Cf. *ST*, 1, q. 54, a. 2, co.

た『神学大全』の記述から明らかだろう。さて，この天使の作用はより先とより後を持つ「時間」によって測られるのであった。したがって，天使はそれが存在と継起的な作用を持つということに着目するのであれば，永劫と時間という二つの尺度によって測られることになる。ここから，永劫はそれによって測られるものを基体として，より先とより後と両立することが導かれるだろう。

以上から，トマスが永劫の規定として各々のテキストにおいて述べていることは，トマスの体系における永続的存在の現実態の性格に由来する諸々の永劫の規定の内の一部分でしかないと考えられるだろう。このような解釈は次の含意を持っている。すなわちトマスは永遠と永劫の違いが問題になる各々のテキストにおいて，永劫に関する規定全てを列挙しているのではなく，文脈に応じて永劫が持つ一部の規定をあげているにすぎない。そして，永劫が測られる事物の現実態の性格に基づいて規定されているということに着目すれば，この意味においてトマスの永劫のモデルは一つである。したがって，Porro や Fox の解釈のように，永劫概念の「二つのモデル」や時期的な変遷を主張する必要はなく，曖昧さをもって否定的な評価を与えることに留保の余地があると言えるだろう。

3.3 トマスにおける永劫の定義

先に述べたように，我々の解釈によればトマスは直接的に永劫の性格全体を語ってはいないことになる。それではトマスの永劫の全貌はどのようなものだろうか。最後に以上の成果を踏まえて，トマスの体系における永劫を十分な仕方で定義することを試みよう[29]。

さて，トマスはボエーティウス由来の永遠の定義の適切さを議論する際に，その永遠の定義が否定的なものであると解釈している[30]。これは我々の知性が第一に複合体を捉えるからであり，単純なものを認識するためには，複合的なものを出発点として，その複合を除去することで進

---

29) なお Suarez-Nani はその著書においてストラスブールのニコラにおいて永劫の「定義」がなされていたことを報告している。Cf. T. Suarez-Nani, *Tempo ed essere nell'autunno del medioevo*, B. R. Grüner Publishing, 1989, p. 52.

30) Cf. *In I Sent.*, d. 8, q. 2, a. 1, ad 1; *ST*, 1, q. 10, a. 1, ad 1.

まなければならないからである．さて，神は単純なものである．よって，永遠の定義は神に関する事柄を直接表現しているのではなく，時間に固有な性質を否定することで表現している．

永劫の定義も同様のものでなければならない．というのも，天使もまた質料と形相から成る複合体ではないという意味で，単純なものだからである[31]．よって，永劫の定義もまた時間に固有な事柄を排除する否定的定義でなければならない．トマス自身，「永劫はあたかも霊的実体によって分有された永遠のようである[32]」と述べていることから，永劫の定義の案出を永遠の定義の形式に与る仕方で試みよう．永遠の定義は「制限不可能な生の同時に全体的で完全な所有（interminabilis vitae tota simul et perfecta possessio）」であった．

トマスはこの永遠の定義を否定的定義として事物に対する三つの制限を排除するものと解釈する[33]．三つの制限とは次の通り．(1)持続の全体に即する制限，それによれば始まりと終わりを持つものが制限されると言われる．(2)持続の諸部分の性格による制限，それによればその任意の部分が先行するものと後続するものに分けられるものが制限されると言われる．(3)そこにおいて存在が受け取られるところの基体の性格による制限，それによれば存在が何らかのものにおいて受け取られることで制限されると言われる．

永遠の定義は次のようにこの三つの制限を排除する．「制限不可能な生の（interminabilis vitae）」とは第一の制限を排除し，「同時に全体的で（tota simul）」とは第二の制限を排除する．そして第三の制限を排除するため「完全な（perfecta）」が置かれる．この第三の制限の排除によって，「永遠的な存在が，霊的被造物のような分有された存在を持つ不可動な諸被造物の存在から区別される[34]」．そしてここで用いられている「生（vita）」は「生きること（vivere）」のみを示しているのではなく，作用一般を示すものとして解釈できるだろう[35]．

---

31) Cf. *ST*, 1, q. 50, a. 2, co.
32) *Quodlibet V*, q. 4, a. 1, co.
33) Cf. *In I Sent.*, d. 8, q. 2, a. 1, co.
34) In *I Sent.*, d. 8, q. 2, a. 1, co.
35) Cf. *ST*, 1, q. 10, a. 1, ad 2.

これをもとに永劫の定義を案出することを試みよう。まず、「同時に全体的で」という第二の制限の排除は天使の存在が不可変であり、その内により先とより後を持たないことから採用されるべきである。そして「完全な」に関しては天使の存在が天使の実体と同一ではなく、基体に受け取られることで限定されるものである以上、否定されなければならない。そして「制限不可能な生」の採用の可否を検討するにあたって、「制限不可能な」と「生」を分割しよう。「制限不可能な」に関しては、天使の存在は神の存在とは異なり、始まりと終わりを持つことも、どちらも持たないこともできるため[36]、本質的な定義になることができない。しかし、重要なのは天使の存在が神の存在とは異なり、それらを持つことができるということである。この可能性を反映するために、「制限不可能な (interminabilis)」は「制限可能な (terminabilis)」へと書き換えることとする。ついで「生」に関しては、先に述べたように神とは異なって、天使において存在と作用は区別される。さて、永劫は天使の「存在」を測るのであった。したがって、「生」は永劫の定義において採用されることはできず、「存在」へと書き換えられなければならないだろう[37]。

さらに次のことにも注目しよう。先に見たように、『神学大全』においてトマスは永遠と永劫の区別に関して、e に依拠していた。この規定は永劫により先とより後が結び付けられうるというものであり、言い換えれば、永劫が継起と両立可能であることを示していた。よって、この可能性も定義に反映しなければならない[38]。これを「より先とより後と

---

[36] 天使の存在が「始まり」を持つことに関しては、永遠からではなしに創造されることにより、「終わり」を持つことに関しては、神によって無に帰されることによる。トマスは永続的被造物がこれら二つを持ちうることを認めている。Cf. *ST*, 1, q. 10, a. 5, co. 天使の不可滅的な本性との両立に関しては注 14 を参照。

[37] ただし、「存在」へと書き換えるということは検討の余地がある。というのも、トマスは「霊的実体はただそれらの実体に関してのみならず、それらの固有の作用に関しても永劫によって測られる」(*Quodlibet V*, q. 4, a. 1, co.) と述べるからである。この永劫と作用の問題に関してはさらなる究明が必要ではあるが、ここから少なくともトマスは天使の何らかの作用は永劫によって測られると考えているように思われる。ゆえに、永劫の定義を拡張し、何らかの作用を測るという点から「生」を限定し、維持することは可能な選択肢の一つと言えるだろう。

[38] この「可能性」の反映に関しては小山田圭一氏（東京工業大学）の指摘による。

結び付けられうる」と表現し，先の定義に付け足すこととしよう。以下で案出された永劫と永遠の定義を並列して示す。

永劫の定義
より先とより後が結び付けられうる[39]制限可能[40]な存在の同時に全体的で不完全な所有[41]。
coniungibilis cum priore et posteriore terminabilis essendi tota simul et *imperfecta* possessio.

永遠の定義
制限不可能な生の同時に全体的で完全な所有。
interminabilis vitae tota simul et perfecta possessio.

結 論

　以上で我々はトマスの永劫概念を検討した。各々のテキストにおいて永遠から永劫を区別する際，その説明に表面的な差異が見出される。先行する諸研究はこの差異から永劫に関する複数のモデルの存在（Porro）や，トマスの永劫理解の時期的変化（Fox）を主張していたように思われる。このような研究動向に反して，本研究は永劫を統一的に理解できることを示した。次のようにである。永劫が測る対象は天使等の永続的被造物の存在である。そして尺度の性格は測られる対象に基づいて定められる。したがって，永劫には測られる永続的被造物の存在のあり方が反映される。これを踏まえるならば，トマスのテキストにおい

39）　この語句が修飾するのは，「所有」である。

40）　すでに述べたように「始まり」と「終わり」を現実的に持つかどうかは永劫にとって非本質的である。しかし，それらを持ちうるという可能性は永遠から永劫を区別するという点で重要であり，これを反映するために terminabilis を定義の中に含める必要がある。

41）　「所有（possessio）」という言葉を採用するかどうかは未だ検討の余地がある。トマスは次のように解釈する。すなわち，この言葉は我々が何かあるものを「平穏で（quiete）」，「十分な仕方で（plene）」持つ場合に使われることから，ボエーティウスは神の平穏な存在を意味するために用いているとしている。天使の存在はそれが天使と同一でない限りにおいて，平穏な存在とは言えないのかもしれないが，形容詞「不完全な（imperfecta）」が「所有」を修飾していることから，このような「平穏」のニュアンスは否定されるとみなし，書き換えないこととする。Cf. *In I Sent.*, d. 8, q. 2, a. 1, ad 6; *ST*, 1, q. 10, a. 1, ad 6.

て見られた永劫の異なる規定の各々は，永劫によって測られる対象から全て導出され，それらは永劫が持つ性格の諸部分であり，対立する永劫概念を構成しているわけではないことが導かれる。すなわち，永劫に関する諸規定は，永劫という尺度の性格が永続的被造物の存在のあり方に基づいて全て導出されるため，この点で統一的な解釈を受け入れる。

したがって，トマスは永劫に関する複数のモデルを持っていた，あるいは永劫概念には時期的な変遷があるという解釈と，ここから帰結するトマスの永劫の否定的な評価には留保の余地があると言えるであろう。さらにボエーティウスの永遠の定義に対するトマスの解釈を参照しつつ，永劫の包括的な定義の案出が試みられた。それによれば永劫は「より先とより後が結び付けられうる，制限可能な存在の同時に全体的で不完全な所有」と定義される。これによって各々のテキストにおいて断片的にしか語られることがなかったトマスの永劫概念の全体が示されたと言えるであろう。

最後に永劫概念を研究することの意義について言及しておきたい。このことは永遠を定義することの意義から導出されることができるだろう。永遠の定義はそれが否定的な仕方であるにせよ，それによって我々が直接的には認識することができない神に関する事柄を認識可能にするものである。永劫に関しても同様に，我々は永劫によって，直接的には認識不可能である天使等の存在のあり方を認識することができる。したがって，永劫概念を研究することは，永劫によって測られる被造物のあり方を究明することであり，この点で哲学的意義が認められるであろう。

『命題論』註解史の中のコプラと現実性
──ボエティウスからスコトゥスまで──

古　舘　恵　介

1　はじめに

　中世後期の哲学者であるドゥンス・スコトゥスは，初期の著作と見られるアリストテレスの『命題論』の註解書である『命題論第二問題集』1巻5問において，「動詞 est は主語と述語の単なるコプラ（繋辞）であるか」という問題を立てている[1]。この問題に対する諸説の検討の後に示されるスコトゥス自身の解答の中心部分は次のとおりである。

　　この動詞 est は，第三のものを述語づけるとき，固有には，主語でもなく，主語の部分でもなく，述語でもなく，述語の部分でもない。そうではなく，述語が現実態に即して（secundum actum）主語と同じであることを指示している[2]。

　すなわちスコトゥスによれば，ラテン語の be 動詞である est は，主

---

[1]　批判校訂版全集の編者は，スコトゥスは当時の慣例に従ってその経歴の初期に一群の論理学関係の著作を書いたと推定している。『命題論』についての問題集は二冊あり，正確な書名は『命題論の第一巻に対する問題集』(*Quaestiones in primum librum Perihermeneias*) と『命題論の二つの巻に対する問題集』(*Quaestiones in duos libros Perihermeneias*) であるが，本稿では全集の収録順にそれぞれ『命題論第一問題集』『命題論第二問題集』と表記する。ただし全集の編者は，著作間の相互参照の状況から見て，『命題論第二問題集』のほうが先に書かれたと推定している。Ioannis Duns Scoti *Opera philosophica 2, Quaestiones in libros Perihermenias Aristotelis*, eds. R. Andrews et al., Franciscan Institute publications, 2004, pp. 33-34.

[2]　hoc verbum 'est' quando praedicat tertium, proprie nec est subiectum nec pars eius, nec praedicatum nec pars eius, sed denotat praedicatum esse idem subiecto secundum actum (n. 29). テキスト前注のものから，節番号のみを示す。

語でも述語でもない。このかぎりでは，動詞 est は「単なるコプラ」とも呼べるかもしれない。しかし結局スコトゥスは動詞 est を「単なるコプラ」とは呼ばなかった。それは恐らくスコトゥスが，動詞 est にも他の動詞と同じく，表示作用を認めていたからであろう。詳しくは5節で検討するが，スコトゥスはこの少し後でも「esse が ens の現実性を表示するということが知られなければならない」[3]として，esse ないし est は現実性を表示するということを議論の前提にしているのである。

esse ないし est が現実性を表示するというこの見解は，スコトゥス研究としては，存在（esse）は本質（essentia）には含まれないという，アヴィセンナ以来の存在偶有性説の一つの現れとして考察することができるだろう[4]。

しかし本稿では歴史的な考察を試みたい。動詞 est が現実性（actualitas）あるいは現実態（actus）を表示するという見解は，スコトゥスに先立つトマス・アクィナスもすでに認めているが，『命題論』註解の歴史の初期には，動詞 est に表示作用があるということ自体，認められていなかった。すなわち，ボエティウスやアベラールは，コプラとして用いられた動詞 est は「何も表示しない」と解釈しているのである。

現代でも「現実性」（actuality）はときとして，「ある」（is）や「存在」（existence）や「実在性」（reality）と同義とされ，そのことの是非が様相論において議論されているのであるが[5]，元来「現実態」（actus）や「現実性」（actualitas）という語は，アリストテレスの「エネルゲイア」の訳語としても使われたように，「（発動中の）作用・働き」を表示する語であった。それが動詞 est の解釈に導入され，現代の「現

---

3) Aliud est intelligendum quod esse significat actualitatem entis (n. 31).

4) 例えばカエサルが現実にあること（Wirklichsein）あるいは存在することは，カエサルの本質には含まれず，それを表示するのは動詞 est である。二冊の『命題論問題集』における動詞 est の解釈と存在偶有性説との関係については，次の研究で論じられている。Jakob Hans Josef Schneider, '*Utrum haec sit vera*: Caesar est homo, Caesar est animal, Caesare non existente. Zum *Peri-Hermeneias*-Kommentar des Johannes Duns Scotus', *John Duns Scotus: Metaphysics and Ethics*, eds. L. Honnefelder, R. Wood, M. Dreyer, Brill, 1996, pp. 393-412.

5) 例えば，現実ではない可能なものでも「ある」（there is, exist）と言えるとするルイスの主張が大きな反響を呼んでいる。David Lewis, *On the Plurality of Worlds*, Blackwell Publishers, 1986.

実性」(actuality) に近づいていくまでの過程を，『命題論』註解の歴史の中に見いだしていきたい。

2　ボエティウス

周知のとおり動詞 est には二つの用法がある。その第一は，例えば Socrates est (ソクラテスが存在する) という命題におけるように，それ自体が述語として用いられて「〜が存在する」を表示する用法である。その第二は，例えば Socrates est albus (ソクラテスは白い) という命題などにおけるように，主語と述語を繋ぐ言葉，すなわちコプラとして用いられる用法である。この第二の用法における動詞 est を，アリストテレスは『命題論』において「(主語と述語に続いて) 第三に付加されるもの」(tertium adiacens, 19b19) と呼び，またそれに対応して後代には第一の用法での est も「第二に付加されるもの」(secundum adiacens) と呼ばれるようになった。しかしアリストテレスは，「第三に付加されるもの」としての est が，動詞として認定されうるのか，そうであるとすればそれは述語 (「白い」など) といかなる関係にあるのか，そしてまた動詞 est がそれ自体として述語として用いられる第一の用法といかなる関係にあるのか，などを十分に説明していなかったため，これらの点について後代の註釈家たちが様々な解釈を提示したのである。そしてこの問題は，est そのものは何を表示するかという問題に集約されていったのである。

この問題に対して決定的な影響を与えたのが，ボエティウスのラテン訳『命題論』の次の箇所である。

　　また，あなたがこの純粋な est そのものを言っても，同様である (事物の esse や non esse のしるしではない)。est そのものは何ものでもないのである。しかし何らかの結合を併せ表示する[6]。

---

6) sed si est vel non est, nondum significat; neque enim esse signum est rei vel non esse, nec si hoc ipsum est purum dixeris. ipsum quidem nihil est, consignificat autem quandam conpositionem. *Aristotelis Liber ΠΕΡΙ ΕΡΜΗΝΕΙΑΣ*, Anicii Manlii Severini Boetii *Commentarii in Librum Aristotelis ΠΕΡΙ ΕΡΜΗΝΕΙΑΣ*, ed. C. Meiser, Teubner, 1877, p. 5. οὐ γὰρ τὸ εἶναι ἢ μὴ εἶναι σημεῖόν ἐστι τοῦ πράγματος, οὐδ᾽ ἐὰν τὸ ὂν εἴπῃς ψιλόν. αὐτὸ μὲν γὰρ οὐδέν ἐστιν, προσσημαίνει δὲ σύνθεσίν τινα. 16b22-24.

ここに est と訳されている箇所は，アリストテレスのギリシア語では τὸ ὄν であり，文法的には be 動詞の現在分詞である。しかし恐らく，当時のラテン語では be 動詞の現在分詞は基本的に用いられていなかったこともあり，ボエティウスはこれを定動詞の est と訳した。このことによって，ラテン語圏の『命題論』註解書においては，Socrates est と Socrates est albus というそれぞれの命題に現れる est の表示作用の他に，単独で言われた est そのものの表示作用が考察されることになったのである。

　ボエティウスは，自身のラテン訳に基づく『命題論第二註解』において，単独の est には表示作用が「ある」とも「ない」とも読める註解をほどこしている。しかし最終的には，est には表示作用は「ない」と解釈したか，あるいはあるとしても一般の動詞とは異なり，est は「真偽」や「質」（肯定・否定）のみを表示すると解釈したと思われる[7]。上記の箇所に対する註解においてボエティウスは，ポルピュリオスの解釈を好意的に紹介しながら，次のように言う。

　　　しかしポルピュリオスはこれとは（アレクサンドロスとは）異なる説明をしている。それは次のとおりである。この語すなわち est は，それ自体ではいかなる実体も表示せず，常に何らかの結合である。それが単純に付加されたときは，在る事物（res quae sunt）の（結合であり），また，分有に従うなら，他のものの（結合である）。例えば私が Socrates est と言うとき，私は，ソクラテスが在るもの（ea quae sunt）のうちの何かであると言っており，私は在る事物（res hae quae sunt）とソクラテスを結びつけるのである。また私が Socrates philosophus est と言うとき，私はソクラテスが哲学を分有していると言っており，ここでも私はソクラテスと哲学を結合しているのである。これこそ私が，est はある種の結合の力（vis）をもつのであって事物（res）の力をもつのではないと言っていることである。しかし，たとえ（est が）何らかの結合あるいは繋ぎ

7） 先行研究に従う。"I think he believes that 'is' signifies literally nothing in some cases." Taki Suto, *Boethius on Mind, Grammar and Logic: A Study of Boethius' Commentaries on Peri Hermeneias*, Brill, 2011, p. 210.

(copulatio) をもたらすとしても, それだけが言われると何も表示しない。以上のことを言わんとして彼 (アリストテレス) は「もし純粋な est そのものを」, つまり est それだけを「言ったときもそうではない」と言っているのである[8]。

このようにボエティウスは, ① est が単独で言われた場合は「事物」(res) を表示する力をもたず,「結合」の力だけをもつとしている。そして est が文中で用いられたときも, ② Socrates est という命題においては「ソクラテス」と「在る事物」との結合が表示されるとしており, ③ Socrates philosophus est という命題においては「ソクラテス」と「哲学」との結合が表示されるとしている。つまり est 自体はやはり何も表示せずに「結合」の「力」(vis) をもつのみであって, その結合の相手として「在る事物」なり「哲学」なりを別に必要とするというのである。

3 アベラール

ボエティウスは単独の est が何も表示しないことを特に問題視している様子はない。しかし後のアベラールは, もし Socrates est albus のような命題における est が何も表示しないならば, それは si (もし) などと同じく動詞ではなく接続詞に含まれてしまうのではないかという点を問題視した。そしてアベラールはこの問題を解決するため, est を述語の部分とする独自の解釈に到達するのである[9]。

---

8) Porphyrius vero aliam protulit expositionem, quae est huiusmodi: sermo hic, quem dicimus est, nullam per se substantiam monstrat, sed semper aliqua coniunctio est: vel earum rerum quae sunt, si simpliciter adponatur, vel alterius secundum participationem. nam cum dico Socrates est, hoc dico: Socrates aliquid eorum est quae sunt et in rebus his quae sunt Socratem iungo; sin vero dicam Socrates philosophus est, hoc inquam: Socrates philosophia participat. rursus hic quoque Socratem philosophiamque coniungo. ergo hoc est quod dico vim coniunctionis cuiusdam optinet, non rei. quod si conpositionem aliquam copulationemque promittit, solum dictum nihil omnino significat. atque hoc est quod ait: nec si ipsum est purum dixeris id est solum. *In Librum Aristotelis ΠΕΡΙ ΕΡΜΗΝΕΙΑΣ Commentarii secunda editio*, ed. C. Meiser, Teubner, 1877, p. 77.

9) 述語の部分説について, 特に次の二つの研究を参照した。Klaus Jacobi, 'Peter Abelard's Investigations into the Meaning and Functions of the Speech Sign 'est'', *The Logic of Being*, eds. S. Knuuttila, J. Hintikka, D. Reidel Publishing Company, 1986, pp. 145-180. 町田

アベラールもまた『命題論註解』において，アリストテレスの見解によれば単独で言われた est はすべての文がもっているような完全な意味をもたないと註釈している[10]。しかし『ディアレクティカ』における，est についてのアベラール自身の見解はもう少し複雑である。そこでアベラールは単独ではなく命題中に現れる二用法の est の一つについては，表示作用を認めている。

アベラールは est の二用法の関係を説明しながら次のように言う。

> 命題の中に置かれた動詞は，ある場合は固有の仕方で，またある場合は付帯的な仕方で，述語づけられると言われる。固有には，例えば Petrus est や Petrus currit というかたちで述語づけられる。ここでは（動詞は）二つの力にかかわる。つまり，繋ぐ「機能」(officium) をもつのみならず，述語づけられた事物の表示作用 (significatio) をももつ。これに対して付帯的に，固有にではなく述語づけられると言われるのは，Petrus est homo のように，それの述語との繋ぎにのみ割り当てられるときである[11]。

ボエティウスが est の二用法間の序列づけをせずに，単に二つの用法があるとしただけであるのに対し，ここでアベラールは二用法間に明確な序列を導入する。すなわち，Petrus est という用法での est が固有の用法であり，Petrus est homo という用法での est は付帯的な用法であ

― 「時制と実在――アベラール的意味論とその限界――」中世哲学会『中世思想研究』第40号，1998年，84-93頁。

10) 「est はそれ自体では何ものでもない，と彼が言っているのは，それ自体で完結して言われた est は，すべての命題がもっているような意味をもたない，ということである。」Quod autem ait EST per se NIL ESSE, tale est, quod per se dictum perfectum non habet sensum, sicut omnis enuntiatio habet. Petri Abaelardi *Glossae super Peri hermeneias*, eds. K. Jacobi, C. Strub, Corpus Christianorum Continuatio Mediaevalis, 206, Brepols Publishers, 2010, p. 117.

11) verba in enuntiationibus posita modo proprie, modo per accidens praedicari dicuntur; proprie autem praedicantur hoc modo: '*Petrus est*', '*Petrus currit*'; hic enim gemina vi funguntur, cum non solum copulandi officium tenet, sed etiam rei praedicatae significationem habent. Per accidens autem et non proprie praedicari dicitur, cum ipsum praedicato ad eius tantum copulationem apponitur, ita: '*Petrus est homo*'. Petrus Abaelardus, *Dialectica: First Complete Edition of the Parisian Manuscript*, ed. L. M. de Rijk, Van Gorcum, 1956, p. 134.

るというのである。このように序列を導入すると同時に，アベラールは固有用法でのestには「事物の表示」があるとしている。そしてestが何を表示するかをアベラールはこの少し先で説明し，「（estが）固有に言われるときは，述語づけられる事物を含み，存在する事物（res existens）のうちの何かを漠然と割り当てる。例えば次のように言われる場合，Petrus estと。これは『ペトルスが存在する事物のうちの何かである』ということである」[12]と述べる。つまりPetrus estという用法においては，est自体が「存在する事物のうちの何か」を表示するというのである。これに対してPetrus est homoという用法におけるestは，表示作用をもたず，繋ぎという「機能」(officium) のみをもつとしているのである。

　アベラールはこの，「繋ぎにのみ割り当てられる」付帯用法のestについてさらに分析を進め，ついに付帯用法のestは述語の部分として，いわば述語名詞を動詞化するために言われているという結論に到達するのである[13]。この述語の部分説によって，あらゆる命題が「主語・動詞」というかたちをもつと解釈することができるようになったのである。

　以上に示されたアベラール説の要点は，①固有用法におけるestは表示作用と繋ぐ機能の二つをもつことと，それが表示するものは「存在する事物」であること，②付帯用法におけるestは表示作用をもたないが繋ぐ機能をもち，その機能によって述語名詞をいわば動詞化するということ，この二つである。その後のトマスやスコトゥスがアベラールを直接に読んでいたかどうかは定かではないが，二人とも述語の部分説を意識した発言をしていることからして，アベラールの学説そのものは何らかのかたちで影響力をもっていたと思われる。

---

12) Cum autem proprie dicitur, rem etiam praedicatam continet atque aliquam rerum existentium indeterminate attribui, veluti cum dicitur: '*Petrus est*', hocest '*Petrus est aliqua de existentibus rebus*'. ibid., p. 135.

13) 「est homo, est opinabile, est album，などは，esse homo, esse opinabile, esse albumという一つの動詞として我々は理解しよう。」'*est homo*' vel '*est opinabile*' vel '*est album*' pro uno verbo '*esse hominem*' vel '*esse album*' vel '*esse opinabile*' intelligamus. ibid., p. 138.「esseは述語の部分である。」immo pars est '*esse*' praedicati. ibid., p. 138.

4 トマス

スコラ時代の盛期にいたって、以上のような状況は一変する。すなわち、est は単独で言われたときでさえも表示作用をもつとされるようになり、なおかつそれは「現実態」あるいは「現実性」を表示するとされるようになるのである。

トマスは『命題論註解』において、単独で言われた動詞 est について次のように述べる。

しかしアリストテレスは、この動詞 est は結合を併せ表示すると言っている。なぜなら、これは第一義的には結合を表示してはいないが、結果としては（第二義的には）表示しているからである。すなわち、est は知性のうちに無条件的に現実性として入ってくるものを第一に表示する。たしかに単独で言われた est は現実態においてあることを表示し、したがって動詞として表示している。ところでこの動詞 est が第一義的に表示するところの現実性は、あらゆる形相にとっての共通の現実性であり、実体的な現実態でもあるし付帯的な現実態でもあるので、いかなる形相や現実態であれそれが何らかの基体に現実的に内在していることを表示したいときに、我々はそれをこの動詞 est によって表示する。その際、無条件的に表示するのは現在時に即してであるが、ある意味では他の時間に即しても表示する。かくして、この est という動詞は、結果として結合を表示している[14]。

---

14) Ideo autem dicit quod hoc verbum est consignificat compositionem, quia non eam principaliter significat, sed ex consequenti; significat enim primo illud quod cadit in intellectu per modum actualitatis absolute: nam est, simpliciter dictum, significat in actu esse; et ideo significat per modum verbi. Quia vero actualitas, quam principaliter significat hoc verbum est, est communiter actualitas omnis formae, vel actus substantialis vel accidentalis, inde est quod cum volumus significare quamcumque formam vel actum actualiter inesse alicui subiecto, significamus illud per hoc verbum est, vel simpliciter vel secundum quid: simpliciter quidem secundum praesens tempus; secundum quid autem secundum alia tempora. Et ideo ex consequenti hoc verbum est significat compositionem. *In Aristotelis Libros Peri Hermeneias et Posteriorum Analyticorum Expositio (In Peri Herm.)*, ed. R. M. Spiazzi, Marietti, 1955, 1, 5, 22, n. 73, 16b22-25.

ここにおいてトマスは，単独の est も現実性を表示するとしている。そして現実性を表示するがゆえに，動詞として表示しているという。つまり動詞の本質も，繋ぐ「力」や「機能」をもつことにではなく，現実性を表示することに求められるようになり，結合はその現実性の結果と見なされているのである[15]。

ではこの動詞 est は実際の二用法においては何を表示することになるのか。このことについてトマスは別の箇所において次のように述べる。

> 動詞 est は，あるときは命題の中で単独で述語になる。例えば Socrates est など。我々がこれによって表示しようとしていることは，Socrates est in rerum natura（ソクラテスは実在する）である。しかしまたあるときは，主要述語として単独で述語にはならず，主要述語を主語に結びつけるために，その付帯物として述語になる。例えば Socrates est albus（ソクラテスは白い）など。このとき話者が意図していることは，Socrates est in rerum natura を主張することではなく，動詞 est を間に入れて白さをソクラテスに帰属させることである[16]。

つまりトマスによれば，単独では「現実性」のみを表示する動詞 est は，主要述語としての用法においては，命題全体が「ソクラテスは実在する」を表示し，付帯物として述語になるときには「結びつけるため」に言われるのである。そして先に引用した節を踏まえるなら，「実在する」や「白さ」などは，「現実的に」ソクラテスの中に内在しているということになるだろう。

---

15) ジルソンはこの単独の est が表示する「現実性」をただちに「存在」と解釈しているが，これには同意しない。Étienne Gilson, Le Thomisme, 6e éd. Vrin, 1965, pp. 184-185. 古舘恵介「動詞と actus——トマス・アクィナス『命題論註解』における esse 理解——」京大中世哲学研究会『中世哲学研究』第 32 号，2013 年。

16) hoc verbum est quandoque in enunciatione praedicatur secundum se; ut cum dicitur, Socrates est: per quod nihil aliud intendimus significare, quam quod Socrates sit in rerum natura. Quandoque vero non praedicatur per se, quasi principale praedicatum, sed quasi coniunctum principali praedicato ad connectendum ipsum subiecto; sicut cum dicitur, Socrates est albus, non est intentio loquentis ut asserat Socratem esse in rerum natura, sed ut attribuat ei albedinem mediante hoc verbo, est. In Peri Herm., 2, 2, 2, n. 212, 19b19.

かくして，トマスにとって動詞 est は「現実性」を表示するものであった。そして一般的に命題は述語となる形相あるいは現実態が基体に現実的に内在しているということを表示するものとされた。しかしこの「現実性」だけではまだ実際の二用法を説明するには十分ではなく，特に Socrates est の表示内容を説明するためにはまだ「実在する」(in rerum natura) という言葉を要したのである。そして動詞 est がそれぞれ「実在するということを表示する」や「白さを帰属させる」という説明は，ほとんどボエティウスやアベラールの説明と一致している。またトマスは述語の部分説に同意し，「(est は) 述語名詞と共に一つの述語をなしており，したがって命題は三つではなく二つの部分に分かれるのである」[17]と述べている。

5 スコトゥス

スコトゥスもトマスと同一の解釈をとり，一般的に動詞が事物の表示と結合をもつことを認め[18]，est も現実性を表示するということを認める。もし相異があるとすれば，それはその同一の解釈を説明する言葉づかいにある。すなわち，スコトゥスは動詞 est の二用法を「現実性」によってのみ説明し，Socrates est の説明からも「実在する」(in rerum natura) という言葉を消去するのである。こうしてスコトゥスの「現実性」は，それ以前には「実在・事物」(res) と呼ばれていたものをいわば吸収することによって成立したのである。

スコトゥスは単独の est についてはあまり論じない。そのかわり『命題論第二問題集』1巻5問の次の一節からは，不定法の esse が現実性を表示するがゆえに，そこから分化する二用法のいずれも何らかのかた

---

17) quae simul cum nomine praedicato facit unum praedicatum, ut sic enunciatio dividatur in duas partes et non in tres. *In Peri Herm.*, 2, 2, 2, n. 212, 19b19.

18) 「どの動詞も，二つのものを含意する。その一，精神によって把握される事物を表示するかぎりでの，本質的な動詞の概念に属する，動詞の事物を。その二，動詞であるかぎりでのそれに属する，結合を。」Quodlibet enim verbum duo importat: rem verbi quae est de intellectu essentiali verbi in quantum significat rem quae concipitur a mente; et importat compositionem quae est ipsius in quantum verbum (n. 23).「しかし，動詞の中には二つのものがある。すなわち，動詞の事物と結合である。」Sed in verbo sunt duo: res verbi et compositio (n. 26).

ちで現実性を表示するという解釈が示されている。

　　他に，esse が ens の現実性を表示するということが知られなければならない（①）。そこで，私たちが「これ」が現実態においてあるということを表示したいとき，私たちは hoc est（これがある）と言う（②）。そして現実態は，現実態が属しているものとの結合を作らないというこのことのゆえに，esse は，自身へと付加されるものとの何らかの結合を作ることはない。なぜなら，自身へと付加されるものは現実態に即して他のものと同じであるということを，指示するから。したがって，Homerus est poeta（ホメロスは詩人である）とこのように言うことにおいて，poeta が自らの現実態に即して Homerus と同じであるということが表示される（③）。なぜなら，事物どもの esse という性格と事物は，結合を作らないからである。したがって，述語は二つのものから結合されているとは理解されない，すなわち，付加される物と esse という動詞とから[19]。

　この一節から，① esse が現実性を表示することがわかる。そしてまた，② Socrates est という命題が「ソクラテスが現実態においてある（esse actu）ということ」を表示していることもわかる。少し後でもスコトゥスは，「(est が) それ自体で（単独で，per se）述語づけられるとき，esse の現実態が端的に述語づけられる」[20]と述べている。つまりトマスが「実在する」という言葉を用いて説明していたことがらを，スコトゥスは実在という言葉を用いずに単に「現実態にあること」と呼ぶ

　19）　Aliud est intelligendum quod esse significat actualitatem entis. Ideo cum volumus hoc significare esse actu, dicimus quod 'hoc est'. Et propter hoc quod actus non facit compositionem cum eo cuius est actus, ideo 'esse' non facit aliquam compositionem cum eo quod apponitur sibi; designat enim illud quod sibi apponitur esse idem alteri secundum actum. Ideo sic dicendo 'Homerus est poeta', significatur quod poeta secundum suum actum est idem Homero; quia ratio essendi rerum et res non faciunt compositionem. Unde non intelligitur praedicatum esse compositum ex duobus, scilicet ex apposito et verbo essendi (n. 31).
　20）　quando per se praedicatur, praedicatur actus essendi absolute (n. 33).

のである。そしてまたこの一節からは，③ Socrates est albus という命題が「白さが自らの現実態に即してソクラテスと同じであること」を表示していることもわかる。

以上のように，『命題論』註解の歴史において，動詞 est は，「何も表示せずに結合の力をもつもの」から，「現実性を表示するもの」へと変貌を遂げ，またその用法を説明する言葉づかいの中にかつて含まれていた「事物」という語も姿を消したのである。では「現実性」とは何か。そして Socrates est が表示するという「現実態においてあること」とは何か。そしてなぜ Socrates est albus は主語と述語が現実態に即して「同じであること」を表示するのか。スコトゥスの『命題論第二問題集』から，このことを説明することは困難である。なぜならスコトゥスは，Socrates est を説明するための言葉，例えばアベラールが「存在する事物」と呼んでいたものや，トマスが「実在する」と呼んでいたものを切り捨て，単に「現実態においてあるということを表示する」や「端的に esse の現実態が述語づけられる」としか言わないからである。また，Socrates est albus が主語と述語が現実態に即して「同じであること」を表示することの根拠は，恐らくは一般的に現実態は基体たる可能態と結合するという点にあると思われるが，現実態と可能態の関係は『命題論』の解釈に収まる問題ではないからである。

なお，スコトゥスは先の節の前の節で，現実態を説明して次のように言う。

　　このことのために，次のことが知られなければならない。すべての概念は，現実態という仕方に即して理解される。なぜなら，おのおののものは，現実態をもつことによって可知的となるのであり，おのおののものの現実態とは，それに即してそれの固有の性格が述語づけられるところのそれであるからである[21]。

この一節に対する仏訳者の解説によれば，「ここでは『現実態に即し

---

21) Ad quod sciendum quod omne intellectum intelligitur per modum actus, quia quodlibet est intelligibile ex hoc quod habet actum; actus autem uniuscuiusque est illud secundum quod praedicatur propria ratio eius (n. 30).

て』は,『主語が存在していようといまいと,主語が何らかの可知的な ものであるかぎりで,その主語の現実態に即して』を表示している」[22] という。では「現実態」は「可知的であること」に尽きるのだろうか。しかし,このことはこの一節だけにもとづいて断定するべきではないだろう[23]。

6 文の成立と現実性

とはいえ,現代の様相論と『命題論』註解の歴史を比べると,動詞 est が表示する現実性あるいは現実態がもつ特徴を多少は示すことができる。現代の様相論においては,現実のことがらを表示する通常の文と,可能であるが現実ではないことがらを表示する反実仮想文が対比して分析されることが多い。そして実現していない単に「可能なもの」でも何らかの意味で「ある」と言えるのか否かがしばしば議論されている[24]。

中世のアベラールやスコトゥスも反実仮想的なことがらを考察している。アベラールはバラの個体が全滅した後に「バラ」という語は表示内容をもつかを論じているし[25],スコトゥスは「カエサルが存在しないときに『カエサルは人間である』や『カエサルは動物である』という命題は真であるか」を論じている[26]。しかし彼らはこれらの議論において,「現実態」あるいは「現実性」という言葉をほとんど使わない。つまり彼らにとって反実仮想の問題は,「現実」と「可能」についての問題ではなかったのである。反対にまた動詞 est が現実性を表示するというトマスやスコトゥスの議論においても,その「現実性」は反実仮想との対比によって説明されてはいなかった。

動詞 est が表示するという「現実性」は,『命題論』註解の歴史の中

---

22) Jean Duns Scot, *Signification et vérité: Questions sur le traité Peri hermeneias d'Aristote*, Texts latins introduits, traduits et annotés par G. Sondag, Vrin, 2009, p. 45.
23) 注4であげた研究は,「この est は,結合あるいは分離を『現実に』理解する機能 („wirkliche" Verstandesleistung) を意味している」としている。Schneider, op. cit., pp. 408-409. しかし「現実性」の表示が,つまるところ『『現実に』理解する機能」の表示であるという表現は,スコトゥスのテキストには見いだされない。
24) 注5参照。
25) *Die Logica ‚Ingredientibus'*, Peter Abaelards Philosophische Schriften 1, ed. B. Geyer, Aschendorff, 1919, pp. 29-30.
26) *Quaestiones in primum librum Perihermeneias*, q. 7.

では, 「結合の力」 や 「繋ぎの機能」 にとってかわったものであった。これらの力や機能は, 要するに文を文たらしめるものである。つまり, 通常文であれ反実仮想文であれ, 文には固有の特質があり, それは文ならぬ単語の連続 (例えば 「白いソクラテス」) や, あるいは何も言わないこととは区別される。この区別をもたらすものがかつては 「結合の力」 や 「繋ぎの機能」 と呼ばれ, 事物や概念の表示とは別次元の扱いを受けていた。しかしトマスやスコトゥスはそれを 「現実性」 として概念化したのである。このことは, 言語論にとって幸運なことであったとは限らない。つまり言語という極めて複雑な対象を分析するにあたり, 概念とは別次元の考察の可能性が一つ失われたとも言えるわけである。

ではこのとき概念化されたものとはいったい何であろうか。手掛かりは, 文と事物 (res) との関係である。スコトゥスは 『命題論第二問題集』 1 巻 3 問において, 知性が主語と述語を結合して命題を形成する際は, 知性は事物との同形性を認識するとしている[27]。またトマスもスコトゥスも, 命題の真理の尺度は事物であるとしている[28]。すなわち, 命題が成立したとき, それは必ず, 話者の内面にとどまらない, 外的な事物との対応をもち, それに従って真偽が定まるのである。『命題論』 註解の歴史の中では, この, 文と事物との対応そのものが, 「現実性」 として概念化され, 同時に 「現実性」 のほうも, 外的な事物の実在性に関係する語として理解されるようになったのであると, ひとまずは結論づけたい。

※本稿は 2017 年の中世哲学会第 66 回大会 (岡山大学) での研究発表に基づくものである。

---

27) 「結合する知性は事物に対する自らの同形性を認識する。」 Sed intellectus componens cognoscit illam conformitatem sui ad rem. *Quaestiones in duos libros Perihermeneias*, l. 1, q. 3, n. 10.
28) 「事物との一致に従って何かがある・あらぬが命題表明されていれば文は真であり, そうでなければ偽である。」 Cum enim enunciatur aliquid esse vel non esse secundum congruentiam rei, est oratio vera; alioquin est oratio falsa. Thomas, *In Peri, Herm.*, 1, 9, 2, 110, 17a26-32. 「なぜなら真理は最後に表示されるもの, すなわち事物に従ってのみ判断されなければならないからである。」 quia veritas non est iudicanda nisi penes ultima significata, quae sunt res. Scotus, *Quaestiones in primum librum Perihermeneias*, q. 2, n. 28.

クザーヌスの『知ある無知』における
二つの「否定神学」

島 田 勝 巳

1. 問題設定
──『知ある無知』における二つの肯定／否定神学像──

　ニコラウス・クザーヌス（Nicolaus Cusanus, 1401-1464）の主著『知ある無知』（*De docta ignorantia*, 1440）における肯定／否定神学への言及は，「最大なるもの」（maximum）としての神について論じられる第一巻に集中している。次の言葉は，本書の否定神学的基調を明瞭に伝えている。

　　神学的な事柄においては，否定が真であり肯定が不十分であることは明白である[1]。

これは第1巻第26章からの引用だが，この章は「否定神学について」（De theologia negativa）と題された同巻の最終章にあたり，第24章「神の名称と肯定神学について」（De nomine dei et theologia affirmativa）から三章にわたって展開されるクザーヌスの神名論の結論部分と見なすことができる。ところが一方で，第1巻第4章には次のような発言も見られる。

　　（絶対的に最大なるものは）あらゆる肯定（affirmatio）を超えてい

---

1) *De docta ignorantia*（以下 *DI*），I, 26, p. 56. "... manifestum est, quomodo negationes sunt verae et affirmationes insufficientes in theologicis;"『知ある無知』岩崎充胤・大出哲訳，創文社，1966年，p. 75. 邦訳は本書を参考にした。ただし，訳文には適宜変更を加えている。

ると同時にあらゆる否定（negatio）をも超えている[2]。

自ずと明らかなように，前者では肯定に対する否定の契機の優位性が語られる一方で，後者では肯定／否定の両契機を超えたものとしての神の絶対性が焦点となっている。クザーヌス所有のディオニシオス文書（*Corpus Dionysiacum*，以下ディオニシオス）の引用や欄外注記を精査したバウアー（Ludwig Baur）によれば，前者の典拠は『神秘神学』第5章（*De mystica theologia*, V, 1045d-1048b）である[3]。後者についてバウアーは典拠を明示していないが，この肯定／否定の二項枠組みからすれば，これも同様に『神秘神学』などのディオニシオス文書を念頭に置いたものとして考えるのが妥当であろう。

では，『知ある無知』におけるディオニシオス解釈や肯定／否定神学の理解に見られるこうした齟齬は，いかに理解されるべきであろうか。もちろん，これら二つの立場をディオニシオス文書自体に読み取ることも不可能ではない。だが，以下で示してみたいのは，クザーヌスのこうした二つの見解を，別個の問題構成から派生するものとして捉える解釈である。ここでは便宜的に，肯定に対する否定の優位を認める前者の議論を「形而上学的議論」，肯定／否定の両契機の超克について語る後者の議論を「論理学的議論」と名づけ，それぞれの論脈を浮き彫りにしたい。端的に言えば，前者は神と被造物の形而上学的根拠をめぐる議論であり，後者は人間の認識能力をめぐる議論である。むろん両者は必ずしも截然と区別できるものではないが，むしろその混在にこそ，クザーヌスのディオニシオス解釈や否定神学像をめぐる容易な理解を阻む要因があるとも言えよう。いずれにせよこの問題は，クザーヌスが最晩年に至るまでディオニシオス文書への関心を抱き続けたという事実からすれば，彼の思想の理解にとっては看過できない問いであるように思われる[4]。

---

[2] *DI*, I, 4, pp. 10-11. "... maximum absolute ... super omnem affirmationem est pariter et negationem." 邦訳，p. 15.

[3] Ludwig Baur, *Nicolaus Cusanus und Ps. Dionysius im Lichte der Zitate und Randbemerkungen des Cusanus*, Cusanus-Texte 3, Marginalien 1, Heidelberg, 1941, pp. 14-15, pp. 73-74.

[4] 『知ある無知』におけるディオニシオス文書の引用について検討したものとして，次の論考も参照のこと。佐藤直子「クザーヌスによる偽ディオニュシオスの受容――『知あ

ところで，クザーヌス思想における否定神学をめぐる問いは，従来のクザーヌス研究の主要なテーマの一つであった。その有力な解釈としてあったのは，『知ある無知』では肯定／否定神学の枠組みの中で否定神学の優位が説かれていたものの，続く第二の体系的論考である『推測論』(*De coniecturis*, c. 1443) 以降はその否定神学的基調が弱まっていったとする見方である[5]。『知ある無知』をめぐるこうした認識は――それ以降のテキスト解釈については見解が分かれるものの――思想史的研究の代表的論客によっても共有されている[6]。ここではそうした立場を，『知ある無知』の「否定神学的読解」と呼んでおきたい。

　ところが，従来優勢だったこうした解釈は，今日根本的な再考を迫られている。事の発端は，1995年に中世研究者のフネン（Maarten J. F. M. Hoenen）が匿名の草稿（Eichstätt Cod. St. 687）を発見したことにある。フネンはこの草稿に，『知ある無知』第二巻にある文章とほぼ逐語的に類似する文章を見出し，それがこのクザーヌスの主著の中核的議論の雛形（Vorlage）を成したとの結論に達したのである。またフネンによれば，この草稿こそがティエリを中心としたシャルトル学派出自の諸観念をクザーヌスに紹介した資料にほかならなかった[7]。さらに近年

る無知』を中心に――」，『哲学科紀要』（上智大学哲学科）第29号，2003年，pp. 49-70.

　5) ハウプストによれば，『知ある無知』では肯定・否定神学の枠組み中で否定神学の優位が説かれていたが，続く『推測論』以降はその枠組みを超えた方途が模索されるようになった。Rudolf Haubst, *Streifzüge in die cusanische Theologie*, Aschendorff, Münster, 1991, pp. 105-110. また，フラッシュも同様に，『知ある無知』では認められていた否定神学の位置付けが続く『推測論』では変更され，その優位性を失ったと見ている。Kurt Flasch, *Nikolaus von Kues, Geschichte einer Entwicklung*, Vittorio Klostermann, Frankfurt am Main, 2001, pp. 159-162, pp. 168-169.

　6) こうした解釈によれば，『知ある無知』では神と被造物との懸隔が強調されたために否定神学的基調が際立っていたものの，一方でそれは被造物の存在論的基礎づけ，すなわち「内在の強化」という難問を抱え込むことになった。そこでクザーヌスは，『推測論』において人間の精神および被造物全般の存在論的基礎づけを図り，それを契機としてその否定神学的基調は退潮していったとされる。Ernst Cassirer, *Das Erkenntnisproblem in der Philosophie und Wissenschaft der neueren Zeit*, Erster Band, Verlag Bruno Cassirer, Berlin, 1906. エルンスト・カッシーラー『認識問題――近代の哲学と科学における――1』須田朗・宮武昭・村岡晋一共訳，みすず書房，2010年，pp. 20-21. Hans Blumenberg, *Die Legitimität der Neuzeit*, Suhrkamp Verlag, Frankfurt am Main, 1966. ハンス・ブルーメンベルク『近代の正統性III』村井則夫訳，法政大学出版局，2002年，pp. 47, 50, 156.

　7) Maarten J. F. M. Hoenen, *Speculum philosophiae medii aevi. Die Handschriftensammlung des Dominikaners Georg Schwartz* (†nach 1484), B. R. Grüner, Amsterdam, 1994.

に至り，米国のクザーヌス研究者アルバートソン（David Albertson）が，フネンによる発見とその解釈を批判的に継承しつつ，シャルトル学派の他の資料から新たな光を当てることで，クザーヌス思想をシャルトルのティエリの受容史に位置づけるという斬新な議論を提示した[8]。これは，従来はごく断片的な指摘に留まっていたクザーヌスに対するティエリの影響をむしろ決定的なものと見なすことで，クザーヌス思想全体を一種の「数学的神学」（Mathematical Theology）として捉えようとする野心的な試みである[9]。従来の『知ある無知』の否定神学的読解にとって看過できないのは，アルバートソンの「"数学的神学"的読解」が，ティエリ及びシャルトル学派の遺産を，クザーヌス思想にとって不可欠な構造を提供したとみる一方で，ディオニシオス文書などはあくまでもその体系を飾るために加えられたものに過ぎないとする見解である[10]。

　　フネンがこの匿名の草稿の中にクザーヌスの『知ある無知』第二巻における特定の文章に酷似する文章を発見したのはこの翌年（1995年）のことであった。草稿には *Fundamentum naturae quod videtur physicos ignorasse*（『自然学者らが知らなかったと思われる自然の基礎』）という題目が付されており，草稿自体は三章構成であった。原文については以下を参照。M. Hoenen, "'*Ista prius inaudita.*" Eine neuentdeckte Vorlage der *De docta ignorantia* und ihre Bedeutung für die frühe Philosophie des Nikolaus von Kues', *Medioevo*, 21 (1995), pp. 375-376. なお *Fundamentum Naturae* 草稿の転写は，この論考の pp. 447-476 に記載されている。

　　8）　アルバートソンは，『知ある無知』の執筆当時，クザーヌスの手元には次のような資料があったと想定している。まずはシャルトルのティエリのテキストとして，*Tractatus de sex dierum operibus, Commentum super Boethii librum de Trinitate, Commentarius Victorinus*，またフネンが 1995 年に発見し，『知ある無知』との部分的酷似性を指摘した *Fundamentum naturae quod videtur physicos ignorasse*，さらにヘルメス的文献 *De septem septenis* である。David Albertson, *Mathematical Theologies: Nicholas of Cusa and the Legacy of Thierry of Chartres*, Oxford University Press, Oxford, 2014, pp. 176-177.

　　9）　アルバートソンの言う「数学的神学」とは，端的には神や世界を数学によって理解しようとする言説を指し，歴史的には 1)新ピタゴラス主義的一元論，2)ロゴスとアリトモスの媒介，3)四科に根ざす普遍数学を前提とするという特徴を持つ。Albertson, ibid., p. 58. それは，古代末期の「キリスト教的新ピタゴラス主義」が中世初期にはボエティウスによって，さらに 12 世紀にはシャルトルのティエリらによって継承され，15 世紀に至ってクザーヌスによって再発見されたとみる系譜学的なナラティヴである。Albertson, ibid., pp. 8-12. なお，クザーヌスに対するティエリの影響については，20 世紀初頭のデュエムを嚆矢として夙に指摘されていた。Pierre Duhem, "Thierry de Chartres et Nicholas de Cues," *Revue des sciences philosophiques et théologiques*, 3 (1909), pp. 525-531.

　　10）　Albertson, ibid., pp. 175-180.

もとよりこうした"数学的神学"的読解について検討することが本稿の目的ではない。ここで注目したいのは，以上のような論点の違いにも関わらず，否定神学的読解と"数学的神学"的読解の双方が，『知ある無知』執筆当時のクザーヌスの否定神学の立場を半ば自明視しているという点である[11]。だが，以下で見ていくように，否定神学やディオニシオスの解釈をめぐるこの時点でのクザーヌスの見解は，未だ確固たるものではなかった。彼が『知ある無知の弁明』（*Apologia doctae ignorantiae*, 1449）において語った自らの「啓示体験」についての次のような「告白」は，そのことを示唆するものとして捉えられる。「友よ，私は告白する。あの高みから私がこの思想を受け取った当時，私はディオニシオスについても，またいかなる真の神学者たちについても注視していなかったことを」[12]。この発言は，教皇特使としての任を終えたクザーヌスが，1438 年にコンスタンティノープルからフェララに向かう船上で「対立の一致」（coincidentia oppositorum）の着想を得たとする体験について，それから十年以上を経て述懐したものである。彼はここで，ディオニシオスをはじめとする神学者たちによる影響についてはもとより，1438 年から 1449 年の間にその理解に何らかの変化が生じたことを自ら認めていると言えよう。つまりそれは，1440 年代におけるクザーヌスのディオニシオス解釈や否定神学理解，さらにはその変化の有り様を探るうえでも鍵となる発言なのである。以上のような問題意識に基づき，本稿では，従来の研究ではほぼ等閑に付されてきた，『知ある無知』の否定神学理解における"揺れ"が意味するところについて検討してみたい。

2. 形而上学的問題構成における肯定／否定神学

　『知ある無知』においてクザーヌスは，ディオニシオスを「あの神的

　11）　例えば，クザーヌスの資料としてティエリ及び他のシャルトル学派のテキストを半ば特権化するアルバートソンの解釈も，『知ある無知』における「否定」の契機や否定神学の含意について，議論の文脈に即した詳細な検討を行っているわけではない。Albertson, ibid., pp. 175-180.

　12）　"Fateor, amice, non me Dionysium aut quemquam theologorum verorum tunc vidisse, quando desuper conceptum recepi," *Apologia doctae ignorantiae*, ed. R. Klibansky, 1932, p. 12.

なるものの最大の探求者」(maximus ille divinorum scrutator) と賞賛しつつ，特に第1巻第24章から第26章にわたり，その肯定神学と否定神学の枠組みを踏襲した議論を展開している[13]。まず注目したいのは，この議論における神名の問題をめぐる観点と，神と被造物の存在論的懸隔をめぐる観点との関係性である。

　肯定神学をめぐる議論においてクザーヌスは，神は諸事物の総体 (universitas rerum) であるが故にいかなる固有な名称 (nomen proprium) も適合しないとするヘルメス・トリスメギストスに言及しつつ，聖書的伝統の観点からそれに若干の修正を加えている。クザーヌスによれば，神に固有な名称とはテトラグラマトン (tetragrammaton=YHWH) であり，語り得ないものである。それは神に固有な本質によって (secundum essentiam propriam) 神に適合する。一方で，この固有な名称以外はすべて特殊な名称 (particularia nomina) であり，それらは本来的には神には適合し得ない[14]。それらが神に適合するとすれば，それはあくまでも神から「無限に劣った仕方においてのみ」(nisi diminute per infinitum) 可能となる[15]。あるいは，そうした非本来的なものとしての特殊・肯定的な神名は，神の「被造物に対する何らかの関係にしたがって」(secundum aliquam habitudinem ad creaturas) 神に適合する。「肯定の神学によって神について言われることは何であれ，被造物との関係において基礎づけられている」[16]。

　注目すべきは，この議論に頻出する「被造物への関係において」(in respectu ad creaturas)，あるいは「被造物に対する関係にしたがって」といった表現の形而上学的含意である。この点は，「縮限的に最大なるものとしての宇宙」(universum ut maximum contractum) を主題とする第二巻の議論と繋がっている。特に重要なのが，これらの表現においては，ある名称が被造物を原因 (causa) として神に適合すると言われているのではないという点である。これは明らかにディオニシオスの見

---

13)　*DI*, I, 16, pp. 30-31. 邦訳, p. 41.
14)　*DI*, I, 24, pp. 48-49. 邦訳, pp. 65-66.
15)　*DI*, I, 24, pp. 49-50. 邦訳, p. 67.
16)　*DI*, I, 24, p. 51. "Quare quidquid per theologiam affirmationis de Deo dicitur, in respectu creaturarum fundatur, …" 邦訳, p. 70.

解とは異なる。ディオニシオスによれば，神が万物の原因として見られる場合，「存在者についてなされるすべての主張を，神についても定立し肯定しなければならない」が故に肯定神学が要請される。ディオニシオスにとって，すべての名称が讃えられるのは，神が万物の善き原因であるからに他ならない。逆に，神が万物を超えるものとして見られる場合には，否定神学が要請される。だがその際，「肯定と否定が対立していると考えてはならない」と付言されている[17]。

一方，クザーヌスにとっても，被造物は神からの存在である（creatura, quae ab esse est）[18]。だが，被造物には「縮減され（diminuta），他性化され（altera），区別される（distincta）ということが生じるが，（それは）そうしたことには原因が存在しない」からである[19]。縮減された存在（esse diminutum）としての被造物は，そうした消極的な性質を積極的な原因（causa positiva）としての神から受け取るのではなく，ただ偶然的に（contingenter）そのようなものとしてあるとされる。したがって，クザーヌスにとって，被造物における分割性（divisibilitas）や相違性（diversitas），多性（pluralitas）といった性格は，神を原因とするものではあり得ない。にもかかわらず特殊・肯定的名称が神に適合するのは，被造物に対して神が一方的に無限の能力（infinita potentia）あるいは最高の能力（summa potentia）を有するためである[20]。

このように，ディオニシオスが万物の原因であると同時にそれを超えるものとしての神について肯定／否定神学の相補性を認めていたのに対し，クザーヌスは被造物における他性という性格を偶然性として捉え，絶対的必然性（absoluta necessitas）としての神との差異を強調するなかで，特殊・肯定的名称の適合性を認めている。クザーヌスの肯定神学

---

17) *Corpus Dionysiacum*, II, Walter de Gruyter, Berlin/New York, 1991, *De mystica theologia*, 1000B.「神秘神学」（熊田陽一郎訳），『キリスト教神秘主義著作集 第一巻』教文館，1992 年，p. 266.「神秘神学」（今義博訳），『中世思想原典集成 3 後期ギリシア教父・ビザンティン思想』上智大学中世思想研究所，1994 年，p. 450.

18) *DI*, II, 2, p. 65. 邦訳，pp. 85–86.

19) *DI*, II, 2, pp. 65–66. "ita quidem contingit rebus, quoniam maximum esse non possunt, ut sint diminuta, altera, distincta et cetera huiusmodi, quae quidem causam non habent." 邦訳，p. 87.

20) *DI*, I, 24, p. 50. 邦訳，p. 68.

理解の基本にあるのは，無限に劣った存在としての被造物に対して神が取り結ぶ，この超越的・絶対的な関係性の視点である。

ここで重要なのが，被造物に対する神の絶対的超越性を強調する以上のようなクザーヌスの形而上学的見解が，「縮限」（contractio）なる概念の導入によって可能になったということである。彼はこの概念を，第一義的には神と宇宙（universum）との関係を描くために用いているが，そこで強調されるのはやはり両者の懸隔である。クザーヌスによれば，個々の被造物において，神は宇宙の「絶対的何性」（quidditas absoluta）として，宇宙は「縮限された何性」（quidditas contracta）としてある。この意味で宇宙は，「具体的なもの」（concretum）とも言われる。つまり，被造物はその存在性（entitas）を絶対的何性としての神から与えられているが，個々の事物における他性や相違性といった性格の原因は決して神に帰されるべきものではない。むしろそれは，いわば具体的かつ対象的な事物の規定的本質をなす宇宙の「縮限された何性」に帰されるべきものなのである[21]。

さらに，神名における固有と特殊という対比は，クザーヌスが神と被造物との形而上学的連関を規定するうえで用いた包含（complicatio）と展開（explicatio）の対概念によってより明確な理論化が図られ，否定神学の必要性もその観点から説明される。それによれば，神はその一性において万物を包含する一方で，その一性は事物の多性において展開する[22]。したがって，肯定神学において用いられる被造物から得られた名称もすべて，「一で語り得ない名称（unum ineffabile nomen）によって包含されているものを展開している」[23]。だが，あくまでも似姿（imago）として捉えられるべき被造物における神性の展開は，往々にしてそのまま真理として捉えられることで，偶像崇拝（idolatria）に陥った。先にみたクザーヌスの形而上学的観点からすれば，展開されたものとしての神の名称は，自らのうちにいかなる存在論的根拠も持ち得な

---

21) *DI*, II, 4, pp. 72-75. 邦訳, pp. 97-102. なお，『知ある無知』の宇宙論における contractio 概念の意義は，注7で言及した近年の新資料の発見と関わる重要な論点だが，本稿の関心と紙幅の関係上，これ以上立ち入ることはできない。別稿にて改めて論じたい。

22) *DI*, II, 3, p. 70. 邦訳, p. 94.

23) *DI*, I, 25, p. 53. "Quae quidem omnia nomina unius ineffabilis nominis complicationem sunt explicantia;" 邦訳, p. 71.

いからである。こうしてクザーヌスは，被造物との関係性において神に名称を付与する肯定神学の危険性に論及しつつ，それを補完するものとしての否定神学の意義を強調する。「否定の神学は他方の肯定の神学を補うためには必要不可欠なもので，前者がなければ神は無限な神としてではなく，むしろ被造物として礼拝されることになるだろう」[24]。「神学的な事柄においては，否定が真であり肯定が不充分であることが明白である」という先に引用した発言は，こうした観点から導出された見解であった。さらに彼は次のようにも語っている。

　……大ディオニシオスも語ったように，われわれは排除（remotio）と否定（negatio）によって，神についてより真実に語る。ディオニシオスは，神は真理でもなく知性でもなく光でもなく，言葉で言われ得るいかなるものでもないと考えた。……この否定神学に従う限りでは，神はただ無限なるものであるだけである[25]。

こうしてクザーヌスは，被造物から得られる名称を肯定的に用いる肯定神学と，逆にそれらを否定する否定神学の枠組みの中で，偶像崇拝の危険性を根拠として，前者に対する後者の優越性を主張する。こうした見解の背後に，神と被造物との存在論的差異をめぐる彼独自の認識があったということを考慮すれば，この議論において自ずと否定神学の意義が前景化するのも頷けよう。従来のクザーヌス研究において有力だった見解，すなわち，『知ある無知』の段階では肯定神学に対する否定神学の優越性が強調されていたとする解釈は，神と人間，さらには被造物全般との形而上学的連関をめぐる以上のような問題構成に依拠した見方だったのである。

---

24) *DI*, I, 26, p. 54. "Et ita theologia negationis adeo necessaria est quoad aliam affirmationis, ut sine illa Deus non coleretur ut Deus infinitus, sed potius ut creatura;" 邦訳, p. 73.

25) *DI*, I, 26, pp. 54-55. "Docuit nos sacra ignorantia Deum ineffabilem; et hoc, quia maior est per infinitum omnibus, quae nominari possunt; et hoc quidem quia verissimum, verius per remotionem et negationem de ipso loquimur, sicuti et maximus Dionysius, qui eum nec veritatem nec intellectum nec lucem nec quidquam eorum, quae dici possunt, esse voluit; … secundum hanc negativam theologiam, … est infinitus tantum." 邦訳, pp. 73-74.

3. 論理学的問題構成における肯定／否定神学

ところが,『知ある無知』におけるクザーヌスの否定神学的思考には,以上のような形而上学的な議論とは別のもう一つの論点がある。それは,命名の作用と理性の機能の連関を核としつつ,その論理学的原理の超克を視野に収めた肯定／否定神学の議論である。言い換えればそれは,自らに対立するものを持たない最大なるものとしての神にはいかなる名称も本来的には適合し得ないとする先に見た根本テーゼを,人間の認識能力と論理の限界の問題を接合させて語ろうとするものである。認識能力と論理法則を接続するこの視点は,これ以降のクザーヌス思想にも一貫して見ることができる。

クザーヌスによれば,名称は知性（intellectus）よりも劣った理性（ratio）の働きによって,諸事物を区別するために与えられる。つまり理性とは一つのものを他のものと区別する際に働く能力であり,命名とはそうした理性の機能によるものである[26]。したがって,理性によって与えられるいかなる名称も,自らと対立する別の名称との対比において初めて意味を獲得することになる。特殊な名称,つまり固有な名称を除くあらゆる名称が「本来的には」神には適合し得ないとされるのも,例えば「真理」（veritas）／「虚偽」（falsitas）,「徳」（virtus）／「悪徳」（vitium）といったように,それらが本質的に自らと対立する他の名称との対比において意味を獲得せざるを得ないからである[27]。こうして理性が「矛盾するもの」（contradictoria）を超えられないという限界を持つ限り,最大なるものとしての神に与えられる名称は,自ずと比の媒介によって可能となるとされる。

このように,この議論の核心をなすのは,理性が不可避的にもたらすとされる命名における矛盾,対立（oppositio）,あるいは区別（discretio）といった契機である。重要なのは,先に見た形而上学的問題構成における対立や区別が,被造物にとっての基礎的な存在論的条件として語られていたのに対し,この議論の文脈では一貫して人間の理性の条件

---

26) *DI*, I, 24, p. 48. 邦訳, p. 65.
27) *DI*, I, 24, p. 50. 邦訳, p. 67.

として語られているという点である。ここで念頭に置くべきは，後に『知ある無知の弁明』において論点の一つとなるアリストテレス論理学における矛盾律の原理である。『知ある無知』の段階では明言はされていないが，クザーヌスにとって，矛盾律をはじめとするアリストテレスの論理学は理性に基づく思考の原理にほかならず，その要諦は対立や区別といった差異を越えることができないという点にこそ認められる。つまりここでは理性とは，端的には論理学的思考の圏内で働く能力として捉えられているのである。一方で彼は，神はそうした対立の契機を一切超えているが故に，理性によって付与される神への肯定的名称は適合し得ないとする[28]。理性が不可避的に内包する矛盾や区別といった契機も，当の論理を超えた神にとってはまったく問題にはならないとされる。この点は，先の形而上学的な議論においては神の無限の能力として語られていた。だがここでは，論理学的原理を超えた位相が焦点となっているという意味で，むしろそれは「脱論理学的」とも言うべき問題構成である。もっとも，『知ある無知』における矛盾律の議論はまったく明確なものとは言い難い。それはその後のクザーヌスの思想的展開において，特に知性と理性の区別がより鮮明化されるに従って深められていった洞察である[29]。要するに，「対立の一致」の洞察から何とか論理学的思考に抗おうとするここでの議論こそが，これ以降のクザーヌス思想の中核を規定していくことになるのである。

　こうした論脈からすれば，以上のような対立の契機を論拠とする議論，すなわち理性に基づく命名作用，および肯定神学の限界に関する批判的な視点が，神の知解の（不）可能性をめぐる問題に結びつくことも頷けよう。先に紹介した引用を，ここではその前段を含めた形で改めて見ておきたい。

　28）　*DI*, I, 24, p. 49. 邦訳，p. 66. この点については以下の拙論でも触れている。「クザーヌスの認識論と存在論――『知ある無知』をめぐって――」，『天理大学学報』第 63 巻第 2 号，2012 年，pp. 19-30.

　29）　*De coniecturis*, ed. J. Koch et K. Bormann, 1972. *Apologia doctae ignorantiae*, ed. R. Klibansky, 1932. 以下の拙論では，それぞれのテキストの読解を試みている。「「推測」と〈否定神学〉――クザーヌスの『推測論』を中心に――」，『天理大学学報』第 64 巻第 2 号，2013 年，pp. 43-57.「『知ある無知』の争点とそのコンテクスト――ヴェンクとクザーヌスの論争をめぐって――」，『天理大学おやさと研究所年報』第 18 号，2012 年，pp. 63-81.

……対立（oppositiones）は，超えるものと超えられるものとを許すものに対してのみ適合するのであって，しかもこれらに対しても，さまざまな差別によって適合するのである。しかし，「絶対的に最大なもの」に対しては，対立は決して適合しない。というのも，それは存在し得るあらゆる対立を超えているからである。したがって「絶対的に最大なもの」は，絶対的に現実に存在し得るすべてのものであり，かついかなる対立をも欠いており，「最小なもの」が「最大のもの」に一致するほどである。それ故に「絶対的に最大なもの」は，あらゆる肯定（affirmatio）を超えていると同様に，あらゆる否定（negatio）をも超えているのである（傍点引用者）[30]。

先に見た命名の作用をめぐる見解では理性の限界について語られていたが，ここでは神の絶対性が焦点となっている。とはいえ，いずれの場合も，人間による神の知解不可能性の原因を対立の契機に求めているという点において，やはり同じ論理学的な問題構成として見なし得るものである。既に触れたように，バウアーの古典的論考にはこの発言の典拠に関する言及は見られない。そのことからも，クザーヌスが自らの思想をディオニシオスの注釈として捉えていたのではなく，むしろ自らの思想を彫琢するうえでディオニシオス文書を用いたということが窺えよう。このように見ると，形而上学的な視点と同様に，この議論の背後にも，やはり神と被造物との懸隔についての認識があることが浮き彫りになる。「論理学的」議論の場合，論理の圏内において作用する理性と，それによっては捉えられない神の存在との差異への視点がその基底をなしているのである。

既に明らかなように，以上の議論では形而上学的議論において強調されていたような肯定神学に対する否定神学の優越についてではなく，肯定と否定とを共に超えるものとしての神について，つまり肯定と否定の

---

30) *DI*, I, 4, pp. 10-11. "Oppositiones igitur hiis tantum, quae excedens admittunt et excessum, et hiis differenter conveniunt; maximo absolute nequaquam, quoniam supra omnem oppositionem est. Quia igitur maximum absolute est omnia absolute actu, quae esse possunt, taliter absque quacumque oppositione, ut in maximo minimum coincidat, tunc super omnem affirmationem est pariter et negationem." 邦訳, p. 15.

彼方にあるものとしての神の把捉不可能性について論じられているという点である。上の言葉に続けて，クザーヌスは次のように述べている。

> だが，このことはわれわれの知性をまったく超越する。というのも，われわれの知性は，その原理において矛盾するもの（contradictoria）を推論の道によって合一することができないからである。……それ故，絶対的な最大性が無限であり，それは何にも対立せず，それと「最小のもの」とが一致するということを，われわれは理性の一切の推論を超え，把握されない仕方で知るのである[31]。

この視点はまさに，クザーヌス思想全体に通底する「対立の一致」の命題に他ならない。最大なるものであると同時に最小なるものとしての神は「無限な一性」（unitas infinita）とも言われるが，そこには「あらゆる相対的な対立に先立つほどの同一性が存する」（tanta est ibi identitas, quod omnes etiam relativas oppositiones antecedit）[32]。神においてはいかなる相違性（diversitas）や他性（alietas）も同一性である。したがって，ここで語られる肯定／否定についても，両者が対立する契機であるが故にこそ，神に対して両者は超克されるべきものとされるのである。

4. 結　語

以上見てきたように，形而上学的問題構成と論理学的問題構成という視点を導入することで，『知ある無知』におけるクザーヌスが，一方では神と被造物の存在論的懸隔の認識に基づきつつ，肯定神学に対する否定神学の優位について語りながらも，他方では論理学的思考の限界の乗り越えを図るべく，肯定と否定の双方の契機を超克する認識のあり方を論じていたことが浮き彫りになったのではないだろうか。この時点での

---

31) *DI*, I, 4, p. 11. "Hoc autem omnem nostrum intellectum transcendit, qui nequit contradictoria in suo principio combinare via rationis, quoniam per ea, quae nobis a natura manifesta fiunt, ambulamus; quae longe ab hac infinita virtute cadens ipsa contradictoria per infinitum distantia connectere simul nequit. Supra omnem igitur rationis discursum incomprehensibiliter absolutam maximitatem videmus infinitam esse, cui nihil opponitur, cum qua minimum coincidit." 邦訳, p. 16.

32) *DI*, I, 21, p. 42. 邦訳, p. 57.

クザーヌスの否定神学像，あるいはディオニシオスの否定神学をめぐる理解の"揺れ"は，このように錯綜した問題構成上の性格に由来するものであったように思われる。これは従来のクザーヌス研究において優勢だった否定神学的読解によっても，また近年のアルバートソンによる"数学的神学"的読解によっても，特に指摘されてこなかった論点である。

ところで，クザーヌスは 1440 年代を通して，さらには晩年に至るまで，ディオニシオスを引用しつつ，肯定／否定神学についての思索を深めている。そのことは，自らをディオニシオス研究者として描いている 1462 年の『非他なるもの』(De non aliud) においてもっとも明瞭に表れている[33]。1440 年代については，『知ある無知』以降，ここで形而上学的問題構成として論じた肯定神学に対する否定神学の優位性という主張が影を潜めていったのは明らかである。だがそれは，ハウプストが論じたように肯定／否定双方の超克という立場に取って代わったからでもなければ，フラッシュが指摘したように否定神学的基調から徐々に肯定神学的基調に変容していったからということでもない。さらにそれは，アルバートソンが想定していたようなシャルトル学派の影響圏に留まるものでもない。本稿で見てきたように，『知ある無知』の時点ではクザーヌスの否定神学理解は思想内在的な齟齬をきたしていたのであり，それ以降についても，彼が自らの否定神学的思考をいかにキリスト論や三位一体論との連関において収斂させていったのかという点に注目することで，その思想的全体像の重要な一側面を浮かび上がらせることができるように思われる。

本稿は 2017 年 11 月に岡山大学で開催された中世哲学会第 66 回大会での発表原稿に修正を加えたものである。なお，クザーヌスのテキストについては以下の校訂版全集を使用した。
Nicolai de Cusa, *Opera Omnia*, I. *De docta ignorantia*, iussu et auctoritate academiae litterarum Heidelbergensis ad condicum fidem edita, ed. E. Hoffmann et R. Klibansky, 1932.

---

[33] *Directio speculantis seu de non aliud*, ed. L. Baur et P. Wilpert, 1944.

―――― *Opera Omnia*, II. *Apologia doctae ignorantiae*, ed. R. Klibansky, 1932.
―――― *Opera Omnia*, III. *De coniecturis*, ed. J. Koch et K. Bormann, 1972.
―――― *Opera Omnia*, XIII, *Directio speculantis seu de non aliud*, ed. L. Baur et P. Wilpert, 1944.

● 特　集 ●

第66回大会　シンポジウム
中世における原罪論の諸相 Ⅰ
――教父の聖書解釈を中心に――

企画趣旨	シンポジウム企画委員	出村みや子
		佐藤真基子
		佐藤　直子
司会報告	早稲田大学	矢内　義顕

〈連動報告〉

木の実の誘惑と根源悪
　　――「創世記」と『告白』の物語りに拠る――
　　　　　　　　　　　　東京純心大学　宮本　久雄

〈提題〉

アウグスティヌスの原罪論におけるオリゲネスの
　聖書解釈の影響
　　　　　　　　　　　　東北学院大学　出村みや子

アウグスティヌスにおける楽園神話解釈に基づく
　人間観の形成――「嘘」の概念に注目して――
　　　　　　　　　　　　富山大学　佐藤真基子

ペラギウス派による原罪論批判の本質と課題
　　――悪は「善の欠如」であるか？――
　　　　　　　　　　　　南山大学　山田　　望

〈2017年度企画の趣旨〉

　聖書的人間像の最たるものは「神の像としての人間」である。しかしこの「神の像」としての人間の本来の在り方が「毀損・破壊されている」という理解もまたキリスト教において——とりわけ西方で——根本的であった。自罪以前に人間は，人祖の罪科を生殖行為において引継ぎ「原罪」・罪への傾きのうちにある。この悲惨さのなかで，個人の生も人類史も過ちを犯しながらではあれ，イエス・キリストの贖いにより完成に向けて紡がれていく。強調点こそ違えながらも，これが西方の聖書的人間観・世界観・救済史観の大枠となっている。だが「原罪」という言葉で示されている事柄の本質を捉えることは——それが，イエス・キリストは万人の救い主である，というキリスト教の根本使信の前提であるにも関わらず——今なお神学の課題であり続けている。神学という学問領域を超えても，人間的行為が技術力を背景にかつてない力を獲得した今日，近代的・啓蒙主義的な人間観では捉え尽くせない，また「無力」という言葉で語りつくせない，悪と悲惨さの根底と向き合う責務が人文研究にはある。こうした点に鑑み，2017年度・2018年度の大会で「中世における原罪論の諸相」をメインタイトルとするシンポジウムを企画することとした。この主題を扱うには広範な時代を複層的な位相から見据えることが要されるのだが，今年度はキリスト教古代を，次年度はラテン中世を扱う。また原罪論の深化にフェミニズム神学が寄与していることに鑑み，両年度ともキリスト教思想における女性の位置付けについても眼差しを向けていく。
　カトリックの教義史からすれば「原罪」は，アウグスティヌスの原罪理解に影響された古代の教会会議での諸決定がトレント公会議第五総会（1546年）で「原罪についての教令」（DS1510-16）として追認されたものである[*]。アウグスティヌスの著述に根差すことから，プロテスタント神学においてもこれに共通する原罪理解がある。しかしこの教説は，現状，女性の抑圧につながることから，生物学・ジェンダー論等から再検討

---

　[*]　H・デンツィンガー編，A・シェーンメッツァー増補改訂『改訂版・カトリック教会文書資料集〈信経および信仰と道徳に関する定義集〉』A・ジンマーマン監修，浜寛五郎訳，エンデルレ書店，1982年，271-273頁。なお概要としては以下を参照している。宮川俊行「原罪」，上智学院新カトリック大事典編纂委員会編『新カトリック大事典 II』研究社，1998年，781-783頁。

を迫られている。

　アウグスティヌスの原罪理解は，彼個人の情欲を巡る強烈な体験と「自由意志論争」の中から形成されたものではあるが，それはまた彼のギリシア教父の聖書解釈の受容に裏打ちされたものでもあった。そこで今年度は，まず特別報告で宮本久雄氏より本テーマについて広やかな視野を開いていただいた後，シンポジウムでは，アウグスティヌスにおけるオリゲネスの聖書解釈の受容とその変奏（出村みや子），アウグスティヌスが見る堕罪後の人間の自己疎外と神からの疎外（佐藤真基子），ペラギウスおよびペラギウス派の聖書解釈と「自由意志論争」の史的脈絡（山田望氏）の提題へと進む。聖書解釈を，それがなされた現場に差し戻して考察しつつ，情欲・女性・遺伝・模倣・疎外・自由意志・恩恵・洗礼（とくに幼児洗礼）を鍵概念としながら，ラテン中世へと伝えられる原罪理解がいかに醸成されていったのか，その軌跡を描こうとする。

　2017-18年度シンポジウム企画委員：
　　　　　　　　　　出村みや子，佐藤真基子，佐藤直子（文責）

―――――――――――――――

《シンポジウム》

2017年度シンポジウム司会報告
「中世における原罪論の諸相――教父の聖書解釈を中心に」

司会　矢内　義顕

　「中世における原罪論の諸相――教父の聖書解釈を中心に」と題する本シンポジウムで取り上げることになった原罪（peccatum originale）とは，最初の人アダムが犯した最初の違反（始原罪）の結果として，彼の子孫が生殖行為をとおして受け継ぐことになった罪（peccatum hereditarium）のことである。伝統的に原罪論の典拠となった聖書の箇所としては，創世

記の最初の数章，ヨブ記 14 章 4 節，詩編 50〔51〕編 7 節，エゼキエル書 18 章 4, 30 節，シラ書 25 章 24 節，ローマの信徒への手紙 5 章 12, 19 節，エフェソの信徒への手紙 2 章 3 節，テモテへの第一の手紙 2 章 14 節などを挙げることができる．この原罪論が，西欧ラテン世界のキリスト教において，原罪と恩恵・自由意志，罪と悪，死，弁神論，受肉論，救済論，マリア論，洗礼（幼児洗礼）をはじめとする秘跡論等にとって基礎をなしていることは言うまでもない．

今回のシンポジウムでは，出村みや子（東北学院大学），佐藤真基子（富山大学），山田望（南山大学）によって，この原罪論成立に最も重要な貢献をしたアウグスティヌスを中心とした，内容豊かで興味深い三つの提題がなされた．

出村みや子「アウグスティヌスの原罪論におけるオリゲネスの聖書解釈の影響」は，オリゲネスの聖書注解が，アウグスティヌスの神学形成に影響を与えたことを明らかにする最近の研究を踏まえ，原罪論にとって最も重要な典拠であるローマの信徒への手紙 5 章 12 節，さらに同書 6 章 6 節と 8 章 3 節，詩編 51 編 5 節，ヨブ記 14 章 4－5 節に関する解釈を，主としてオリゲネスの『ローマの信徒への手紙注解』とアウグスティヌスの『罪の報いと赦し』によって比較し，今日のジェンダー論の視点も取り入れて，両者の原罪論の特徴を鮮明にする．

佐藤真基子「アウグスティヌスにおける楽園神話解釈に基づく人間観の形成――『嘘』の概念に注目して」は，アウグスティヌスの原罪論自体を論じるのではなく，彼にとって「嘘」が，初期の著作から『神の国』に至るまで重要な意味をもつ概念であり，それが，マニ教との論争の中で執筆された『マニ教徒に対する「創世記」注解』における楽園神話の解釈と，さらにペラギウス論争において執筆された諸著作において原罪と結びつけられ，深化されていることを明らかにし，そこから照らし出されるアウグスティヌスの人間観のある側面を提示する．

山田望「ペラギウス派による原罪論批判の本質と課題」は，アウグスティヌスの原罪論の確立にとって最も重要なペラギウス派との論争を取り上げる．今日の研究は，異端ペラギウスおよびペラギウス派という理解に大きな変更を迫るものである．本提題では，アウグスティヌスがペラギウス派のエクラムヌス司教ユリアヌスに対して執筆した未完の大著『ユリアヌス論駁』をとおして，原罪の現われとしての性欲の問題に関する両者の理解を明らかにした上で，ペラギウス派の立場，そして原罪論という教理の

確立の経緯から，五つの課題を提示する。

　人間が生まれついてもつ罪という考えは，おそらく，キリスト教共同体がユダヤ教と袂を分かち，後者における生後八日目の割礼に代わるものとして幼児洗礼を執行していく中で，それを根拠づけるために，登場してきたものであろう。しかし，それを「原罪」という語で最も明確に，詳細に論じ，原罪論の確立に貢献したのがアウグスティヌスである。彼の原罪論に基づいて，418年のカルタゴ教会会議，529年のオランジュ教会会議の教理決定がなされ，中世の原罪論もこれを受け継ぐ。そのさい，原罪と性欲とが密接に結びつけられたアウグスティヌスの教説が，中世の人間観とりわけ女性観，セクシュアリティ，ジェンダーを決定的に方向づけたことは否めない。さらに，11世紀以降の原罪論が，単にアウグスティヌスの伝統を守っただけではなく，新たな原罪論を展開したことも事実である。これを取り扱うのが，今年度（2018年）のシンポジウムである。

　この二回のシンポジウムは原罪を歴史的に取り扱うものである。今日の聖書学の成果は，原罪論に関する聖書の典拠そのものが，もはやこれを根拠づけるものではないことを明確にし，20世紀の神学者，宗教哲学者の中には，新たな原罪理解を提示する者，原罪という語を使用せず，原罪という思想を拒否する者も少なくない。にもかかわらず，この世界における根源悪の諸現象がなくなるわけではない。特別報告としてなされた宮本久雄「木の実の誘惑と根源悪──「創世記」と『告白』の物語りに拠る」は，この問題を取り上げ，シンポジウムの質疑応答においても問いとして提出された。それは，シンポジウムの提題者とシンポジウムの参加者すべてに課せられた根本的な問いであろう。

《連動報告》

木の実の誘惑と根源悪
―――「創世記」と『告白』の物語りに拠る―――

宮 本 久 雄

　今回のシンポジウムでは，出村みや子，佐藤真基子，山田望の御三方が，いわゆる原罪論をめぐってオリゲネス，アウグスティヌス，ペラギウスなどに関する最新の研究に基づき開眼的提題をなされた。従来の原罪論は，キリスト教史を通し教義的視点や歴史的事情を背景に定義され特化され狭められたという憾みが残る。

　その点をふまえ本発表では既成の原罪論を，現代において深刻に問われる「根源悪」(das radikale Böse) の問題として考察し，何か新たな視点・光を見出したい。そのため歴史的キリスト教が原罪のテキストとして解釈した「創世記」二～三章と，それを参照したとされるアウグスティヌスの『告白』第二巻「梨の実の盗み」のエピソードをとり上げ再吟味する[1]。ただし本発表では，単なる両テキストの比較でなく，その両者の共振する間(あわい)に身をおき，根源悪の現象（アウシュヴィッツ，核戦争の危機など）にひき裂かれてゆく現代世界へのメッセージに傾聴したい。ここで根源悪そのものでなく，根源悪の「現象」と表現するのは，根源悪はそれと連動する自由と同様，それを対象化し分析定義できないからである。自由を定義すれば自由は消滅する。その意味で本論文では，根源悪的な現象の見ら

---

　1) 原典テキストについては次の書を参照した。旧約に関してはギリシア語訳（LXXなど）を用いた。その点を考慮しつつも本論では，ヘブライ的心性や思考法を背景にして根源悪を考察したいために，次のマソラ本文を参照した。
　Genesis, Biblia Hebraica Stuttgartensia, Editio quinta emendata. 又 LXX をも随時参照した。『告白』については，*Les Confessions*, texte de l'édition de M. Skutella, introduction et notes par A. Solignac, traduction de E. Tréhorel et G. Bouissou, ŒUVRES DE SAINT AUGUSTIN, 13-14, Institut D'Études Augustiniennes, Paris, 1998. を用いた。邦訳は山田晶責任編集『アウグスティヌス』（世界の名著 16）中央公論社，1992年（五版）を参考にした。

れる「善悪の木の実」の食および「梨の実の盗み」のテキストが考究される。それによって特にアウグスティヌスの原罪論の広がりも示されよう。

一 「創世記」一～四章

いわゆる原罪物語りは，特に二～三章に集中しているので，この二章を考究する。

(一) 二 16～25[2]。この物語りの筋 (intrigue) は，蛇が女を誘惑して善悪の木の実を食べさせる罠 (intrigue) でピークを迎える。今はその伏線としてアダム[3]に対する神の命・掟と女の創造についてふれたい。二 16～17 における神の掟は三要素に分別されよう。まず(イ)16節「園のすべての木からとって食べなさい」は，強調構文となっている。(ロ)17節前半「善悪の知識の木からは，食べてはならない」も強調構文で善悪の木からは一口も食してはならないことを強調する。さらに(ハ)17節後半も強調構文で善悪の木から食したら必ずや死ぬことを意味する。このように二 16～17 の神命が非常に強い性格をおびる点が後の物語りの伏線となる。次に 18 節は女の創造を語る。ヘブライ語で文字通り訳すと，女はアダムにとって「顔と顔を合わせて対面する助け手」と呼ばれる。この男女の対面性は後述するように対話性を含む。この意味でイシュ（男）とイッシャ（女）は平等なのである。その彼らの前に突如として蛇が出現する。

(二) 三 1～6。われわれは蛇の性格に関して彼を生命・カオスのシンボルとするオリエント神話や蛇と「占い」とをそのヘブライ文字の同形から

---

[2] 聖書の章節は，漢数字で章を，アラビア数字で節を表記する。二章 16～19 節は，二 16～19 のように。『告白』の巻章節については，巻はローマ数字，他全部アラビア数字で表記する。例えば，二巻四章九節は，II. 4. 9 となる。

[3] 女の創造以前に登場するアダムは，集合的人格 (corporate personality) として理解される。それは一人が集団を体現して含め，集団はこの一人を媒介にして自己表現する実体的存在であることを意味する。パウロが一人の人間アダムの不従順によってすべての人間が死んだが，新しいアダム・キリストによって新たに生きるとする時（ローマ書五 12 以下），女に言及せず，女を除外もせず，アダム・キリスト論を樹立したのは，アダムを集合人格的なヘブライ的思想や神学を背景に解釈したからであろう。

他方で女はアダムのあばら骨（存在の核心の意）から創られるので，すでにアダムの存在に潜勢的に存在していたのである。従ってアダムは，女が禁じられた木の実を食した時，同時に食したといえる。物語りの上では女がまず食し，次いで男に実を与えたとあるが，神学的には女の行為はアダムの行為と解釈されよう。

集合人格については次著を参照。H. W. Robinson, *Corporate Personality in Ancient Israel*, Fortress Press, Philadelphia, 1964（船水衛司訳『旧約聖書における集団と個』教文館，1972 年）。

結びつける語源論的解読をとらず，現物語りの蛇や女の言語用法を吟味したい。その理由についていささか弁明しよう。

　第一に（イ）創造は言葉に拠る創造と呼ばれるように，創世記一2における混沌とした闇の深淵（テホーム）が神の言葉によって差異化・分別されてゆくプロセスである[4]。一3〜31を読むと創造的働きは，大略（ⅰ）神言の主導（神は言った），（ⅱ）神言の創造命令，（ⅲ）そのように成った（実現定形句），（ⅳ）実現の具体的描写，（ⅴ）創造の賛美，（ⅵ）日数計算という六要素に分別され表現される。例えば，光の創造で上述の六要素を示してみよう。（ⅰ）神は言った，（ⅱ）光あれ，（ⅲ）光が成った，（ⅳ）神は光と闇の混合を分けた，（ⅴ）神は光を見て善美とされた，（ⅵ）以上が第一日目である。次は人間の創造についての物語りを分析しよう。（ⅰ）神は言った。（ⅱ）我々にかたどり，我々に似せて，人を創ろう。そして海の魚，空の鳥，家畜，地の獣，地を這うものすべてを治めさせよう。（ⅳ）神は御自分にかたどって人を創造された。神にかたどって人を創造され，男と女とに創造された。（ⅲ）そのように成った。（ⅴ）神はお造りになったすべてのものを御覧になった。見よ，それは極めて善美であった。（ⅵ）夕べがあり，朝があった。第六の日である。

　このテキストについて注目すべき点を三点あげたい。一つは，人は神のかたどりとして創造されたことであり，そこから後の人間論的思想としてimago Dei 概念が生ずるということである。二点目は，この imago Dei は，男単独でも，女単独でもなく，男と女の対によって成立するという点である。そこから男と女は対等に一体として在るという思想が読みとれる。第三点目は，創造された全被造部の善美（tōb）と調和とである。神と人間，男と女，人間と自然との美しい調和である。このようにすべての創造行為の原動力は，「神は言った」という神の言葉にある。光から人間の創造に至るまで，神の言葉が働き，世界は生命に満ちて美しく創造されていく。そこには神の創造的文法に基づく言語の用法が支配しているわけである。また（ロ）神は男と女に向かって語る（一28）。「神は彼らを祝福した。そして彼らに語った。〈産み増えよ……地を治めよ〉」と。ここでは一対で神の像である男女が神の言葉に聴従する存在，つまり神の文法に参与しその限り善美なる創造に参与する存在として描かれている。さらに（ハ）先述の

---

[4]　言葉に拠る創造に関しては，拙著『他者の原トポス——存在と他者をめぐるヘブライ・教父・中世の思索から』創文社，2000年，第五章を参照されたい。

ように男女は，対面的対話的存在であり，対話しつつ善美な世界を拓いてゆく神の似像なのである。実にこの似像の原像たる神が言葉に拠る世界創造をなしている以上，男女は対話により美しい世界開披に呼ばれているわけである。

このように創造的物語り全体には，神の創造的文法が働いていることが解る。その意味でわれわれはこの文法的文脈において蛇の言語用法に注目するのである。

三 1。さて今や素性も出身も不明な蛇の語りを聞こう。蛇は女に言う。「園のどの木からもあなた方に食べるな（lō'）と神は言ったのか」と。この言葉には二つの特徴がある。

その一つは，蛇が神の言葉（二 16）を否定詞（lō'）によって全否定していることである。そこに神の文法にずれがもたらされ虚無が開口する。二つ目は，二 16～18 では神はアダムに単数形で語りかけるが，ここで蛇はアダムと女に複数形で語りかける。二人は共に蛇の言葉を聞く以上，連帯責任を負う。

三 2～3。女の答えを調べると「私たちは園の木の果実を食べてもよい」という風に語り，神の気前の良い食への勧めを弱体化させていることが解る。しかも「触れてはならないと神は言った」を付加している。そこに女の言語用法のぶれが窺える。つまり，女の心は蛇の誘いの方にゆれ動いている。蛇はこの女のぶれにつけ入り追撃ちをかけ，虚無へと追い込む。「あなたたちは決して死なない」（三 4）と。蛇はここでも否定詞 lō' を用い神の言葉を転倒逆転し，その文法に虚無をもたらす。さらに決定的な倒錯が起こる。「それを食べると開眼し，神のようになり善悪を知る者になることを神は知っているからだ」（三 5）と。この蛇の倒錯的表現には二つの誘い・否定が見出される。すなわち一つに，神は男女が対話を通して協働し美しい創造に参与するようにしたことに対する否定である。つまり神は嫉妬によって善悪の木の実からの食を禁じたというのである。二つ目は，「神のようになる」という決定的な倒錯への誘いである。ところで人間が「神のようになる」とは，単に倒錯に止まらず，一方で神を否定し，他方で自分の人間性を否定することに外ならない。人間はそれを気づかずに蛇の虚無に呑まれていく。

以上のように蛇の言語用法を吟味してくると，その否定性・虚無性が際立ち，それは神の文法の否定としてのみ作用していることが解る。それでは蛇の正体とは何なのであろうか。この物語りの文脈でまず彼の出自・起

源が明らかでないことが知られる。それはつまり物語り論的に言えば、自分の物語りの肝心な始源を語りえず、従って物語り的自己同一的存在性をもたない。むしろ彼はアダムや女の、他者の物語りそして創造の善美な物語りを否定する。以上の意味で蛇は虚無そのものといえよう。われわれの根源悪のテーマに関連させれば、蛇は根源悪の最悪の現象なのである。それはどうしてであろうか。そのことはこの善悪の木の実の食がもたらした帰結を、続く物語りに辿っていけば明らかとなるからである。

（三）三7以下を解読すると、神はアダムに木の実を食した責任を問う。彼は「あなたが私に与えた女が木から取ってくれたので私は食べた」と答える。この答えに注目すべき点が二点見出されよう。第一点目は、神が何よりも女に責任を問わずに、まずアダムに問うたことである。それを神学的思想的に解釈すれば、やはりパウロの語るように、集合人格として女も含めすべての人を含むアダムの不従順が何よりも問われるべきだということになろう。第二に物語り論的には、アダム（ここでは個人化されている）の責任転嫁があげられる。彼はまず責任を神に転嫁する。彼は「あなたが（私に女を）与えた」という風に神を責める。続いて「その女が果実を私に与えた」という風に女に責任転嫁をする。他方で女は蛇に責任転嫁し、このように責任転嫁は他者（神、アダム、女）の否定の連続となっている。そこから続く蛇や女やアダムに対する神的正義に基づく罰の言葉（三14〜20)を考察しよう。まず男（アダム）に対しては、土（アダマ）から取られたその土に返るまで一生額に汗して労働する罰が与えられる。女に対しては喜びである出産が苦しみに変わり、加えて男に支配されることになる。こうした虚無の支配は、第四章では兄カインの弟アベル殺しという殺人に現象化し、さらに洪水により世界が滅び、創造以前の暗黒の大洋（テホーム）が出現するまで現象化する。

このようにして神の創造的文法の虚無化という根源悪は、主に三つの関係性の破綻をもたらす。すなわち、（イ）神と人間の根源的関係の破綻、次に（ロ）人間（男と女）関係の破綻、そして（ハ）人間と自然との美しい創造的関係の破綻である。

われわれは今ここで如上の関係性の破綻を、他者の他者性の否定と言いかえることができる。従ってその破綻の端初をもたらした蛇の根源悪的現象の特徴を、他者性の否定と表現できよう。

この根源悪に関わるエピソードの結末は、アダムとエバの楽園からの追放であるが、彼らは決して肉体的に死を直に迎えたわけではない。それで

は善悪の木の実を食すれば必ず死ぬという神の言葉における死は、どのような意味をもつのであろうか。われわれはその死が単に肉体的死というよりも、関係性、すなわち他者への愛の尽滅という意味での死であると今は示すに止めたい[5]。

この善悪の木の実の食を、自らの生涯の未熟な少年時代になした梨の実の盗みと重ね、その行為の深淵を根源悪の現象に関連づけて省察し告白したのはアウグスティヌスであった。

二 『告白』Ⅱ.4.9～Ⅱ.10.18.

「創世記」に引き続き、アウグスティヌスの『告白』における「梨の実の盗み」の物語りを、いわば物語り論的方法で解読し[6]アウグスティヌスにおける「根源悪」思想とでもいうべきヴィジョンと原罪論の広がりとに参究したい。

まず梨の実の盗みの物語りの荒筋およびその異化作用的表現を調べてみよう。

物語りの筋からすると、アウグスティヌスは一六歳の時、仲間たちと夜中に隣家の梨の実を盗み取った。その盗みの動機は、空腹で飢えて梨の実で身も心も充足したいというのではなかった。実際に彼らはその実よりも善い実をどっさりもっていたし、取った梨の実は豚に放り投げてやった。むしろ盗みの動機は、「盗む勿れ」という神法と良心に背くことが楽しかっただけで、結局ただ盗みたいという欲望でしかなかったのである。しかも彼は、自分一人では決して盗まなかったという。ただ仲間を組み悪ふざ

---

5) われわれが特に参照した創世記注解に次の書がある。第一にヘブライ大学教授として聖書註解に著名であったU. Cassuto, *A Commentary on the Book of Genesis,* Part One, From Adam to Noah, translated from the Hebrew by I. Abrahams, The Hebrew University, Jerusalem, 1961. があげられる。外には、W. H. Schmidt, *Die Schöpfungsgeschichte der Priesterschrift von Gen 1-2. 4a,*（Wissenschaftliche Monographien zum Alten und Neuen Testament, Band 17）Neukirchener Verlag, Neukirchen-Vluyn, 1973³. G. J. Wenham, *Genesis 1-15,*（Word Biblical Commentary）Word Books, Waco, 1987, pp. 41-91.

6) 本論が物語り論的方法を用いることについては、すでに「創世記」テキストに適用したが、ここでその消息にふれておきたい。

この方法は、まずテキストの構造や荒筋（intrigue）を考察しつつ、次にそこに見出される罠・異化作用（intrigue. 逆説、誇張法、二重句、非常識な発想など）に注目して、テキストのメッセージに聴従してゆく次第である。物語り論と物語の代わりに「物語り」と表現した点については、次の書を参照されたい。

金泰昌、宮本久雄編著『他者との出会い』『原初のことば』『彼方からの声』（シリーズ物語り論、1～3巻、東京大学出版会、2007年）。

けをして盗みの快楽で互いにくすぐり会うためでなければ盗まなかったと告白している。

アウグスティヌスは，一般的に言えば単純で日常茶飯事ともいえる少年たちの悪ふざけだと看過できる盗みを罪悪として深刻な反省を加えていく。そこにわれわれは当初違和感を覚えざるをえない。加えてその理由も直には理解できない。それはどうしてなのか。それは予め示唆すれば，多くの注釈家が指摘するように，彼はこの禁じられた梨の実の盗みの只中に，人祖の禁じられた善悪の木からの食という罪を洞察したからであろう。そのことは，これからの梨の実の盗みの物語り論的解釈を通じて明らかにされよう。

以上の問いをかかえてこれからこの込み入って迂回の多いエピソードを分別して考察するために，アリストテレスの実践的三段論法に依拠したい。というのも，ギリシア的な実践的三段論法あるいは論証が，どの点でアウグスティヌスの盗みの物語りと根源悪論に有効であり，どこで破綻するかを考察することによって，ヘブライ・キリスト教がかかえる自由および意志と根源悪との関係への問いに肉迫したいためである[7]。

アリストテレスの実践的三段論法は大略下記の通りに示せるであろう。その際行為主体は理性的欲求（意志）をもつポリス的人間である。

 大前提 この善きものは明証的に目的である。
 小前提 目的実現の手段イ，ロ，ハ，ニ中ロが「最も有効かつ美しく」
    （ῥᾷστα καὶ κάλλιστα）目的を実現する。
 結 論 従ってロが選択され，目的を志向する[8]。

この実践論法では，目的にあたる善がすでに決まっている。医者にとって健康が目的なのが自明であるように。その場合，目的実現のためどの手段を選択するかという選択意思（proairesis）が重視され，ギリシア思想における自由は主に選択意思に収斂しよう[9]。

---

[7]　選択意思と自由との関係を，アリストテレスとニュッサのグレゴリオスに対する考察を通して明示した古典的論文に次のものがある。今道友信「自由と神秘と美の連関について――ニッサのグレゴリウスに於ける考察」（『美学史研究叢書』第二輯，1971年に所収）。

[8]　この推論方式は粗いので，さらに詳しくは加藤信朗氏の『ニコマコス倫理学』（アリストテレス全集13, 岩波書店，1973年）における訳注，388〜391頁を参照されたい。

[9]　アリストテレスの選択意思論に傾聴しよう。「われわれが思案をめぐらすのは目的についてではなく，目的に達する手段についてである。……実際，弁論家が相手を説得するかどうかを思案することもなければ，政治家が安寧秩序を作りだすかどうかを思索する

さてわれわれは，アウグスティヌス（たち）の盗みの行為について，アリストテレス流実践三段論法を様々な視点（仮想も含む）で適用してみよう。適用は三つの仕方による。

（一） 第一の適用は仮定であり，もしアウグスティヌスが正しい愛（amor）・意志を以て目的を欲求・志向する場合はどうかという仕方である。

　大前提　梨の実は神の被造物で食するに善いから明証的に目的である。
　小前提　神法「盗む勿れ」およびそれが刻みつけられている良心に従って，隣人の合意をうるなどして梨の実を取ることが最も美しく効果的な手段である。
　結　論　梨の実を取って食べ心身共に充足する。

ここでは根源悪の現象は生ぜず，それは問題とならない。

（二） 続いて第二の適用を試みてみよう。アウグスティヌス自身が，梨の実の盗みとは別な悪しき手段選択を例示している。しかし，この例示は，（一）の例と共に，彼の盗みの性格特徴を間接的にだが際立たせる。

　大前提　あの男の妻は美しい。彼は財産家でもあり，できたら妻も財産も目的としたい。
　小前提　美しい妻と財産をもつあの男を密かに殺す。
　結　論　人妻あるいは財産を手に入れて逃走する。

アウグスティヌスはこの例に加え，権力奪取を目的として，ローマ共和制を打倒しようとした凶悪で残忍なカティリナの例をあげている（II. 5.11）。

前述の二例において，殺人や暴力などの手段選択に関して当然行為者は断罪されるべきである。しかし注意すべきは，犯罪行為者が目的欲求の動機や理由をもっている点である。言いかえれば，彼らにとって目的は形相的美や実体（ウーシア，財という意味もある）をもっている善だという点である。

（三） 以上の（一）と（二）の例に比して，少年アウグスティヌスの盗みの行為は，実践的三段論法を適用すれば，どのように表現されるのだろうか。物語りにおいてアウグスティヌスはこの行為を（イ）自分自身の実存に関連

こともない……むしろ，ひとは目的を設定したうえで，それがどのように，すなわち，どのような手段によって実現されるかを考察する。そして，それが多くの手段によって実現されると見られる時には，どの手段による時，最も容易であり，最も美しくできるかを考察する……」（前掲，『ニコマコス』第三巻第三章1112b12-17．邦訳75頁）。

して語る場合と(ロ)仲間を組むことの連関で語る場合に分けているので，われわれもこの(イ)(ロ)を便宜上区別してその三段論法的構造を考察したい。

（イ）アウグスティヌス自身の実存との連関で盗みについてその行為的構造を吟味しよう。

　大前提　アウグスティヌスは梨の実を善なる目的として欲したのではない。彼は目的として盗みそのものを愛した（ipsum furtum amavi, Ⅱ.8.16)。

　小前提　隣人の合意をとらず，神法と良心に背いて盗みを手段として選択した。

　結　論　梨の実を盗んだが，わずかにかじっただけで，豚に放り投げて捨てた。

以上のようにアウグスティヌスの盗みの行為およびその物語りをギリシア的実践三段論法に即して整理してみると，次のような諸特徴が明らかになってくる。

まず第一に目的に関して考察すると，彼は被造物である限り善性と存在性とをもつ梨の実を欲せず，本来掟からずれた盗みそのものを愛し，盗むために盗んだと言う。盗みを自己目的化したわけである。その自己目的化は何ら実在性や形相的美をもたない。その意味で盗みは虚無だといえよう。実は彼は盗みが無（NIHIL）だと告白している（Ⅱ.8.16)。

第二に手段に関して考察すると，神法と良心からずれ，それと相反する盗みを選択しそこにのめり込んだ。その意味で手段は，隣人の合意をうるなどの手間が省け効率的であったかも知れないが，美しくはなく，法に反した否定的性格をおびる。これに加えて，この快楽的手段である盗みを自己目的化し，本来目的であるべき梨の実を，盗みという快楽目的の手段とした意味では，目的と手段とが逆転し転倒した関係になった。そのことについてアウグスティヌスは，転倒した仕方で神の全能を模倣したと述べている[10]。すなわち，換言すれば，手段選択において彼は「神のようになって」法（善悪の木の実）を握り支配したわけである。彼はこの神を模倣する転倒について詳細に述べている。「たとえば，高慢（superbia）という

---

10) quid ergo in illo furto ego dilexi et in quo dominum meum vel vitiose atque perverse imitatus sum? an libuit facere contra legem saltem fallacia, quia potentatu non poteram, ut mancam libertatem captivus imitarer faciendo impune quod non liceret tenebrosa omnipotentiae similitudine?（Ⅱ.6.14)

特集　中世における原罪論の諸相 I

悪徳は，高さをまねています。けれども万物を超えて高くましますのは，ただひとり，神なるあなただけです」と。その他彼は，野心，権勢欲，無知，浪費，むさぼり，嫉み，怒りなどの悪徳についてその転倒したあり方を分析している（Ⅱ.6.13）。

われわれはアウグスティヌスが根源悪にまで関連させて少年時代の盗みを深刻に告白し分析している真剣さや狂気ともいえる情熱にふれると，この転倒をドストエフスキーの『罪と罰』における主人公ラスコーリニコフが自らを人神化し，法を支配する証しとして金貸しの老婆の殺人に至った転倒・倒錯に比して解釈したい思いに駆られるのである。それ程手段選択の倒錯の淵は深く把握し難いといえる。

第三に結論について考察すれば，如上のように彼は目的に充実せず，むしろ盗みという虚無を愛し，手段選択において「神のように」行為して法を支配し，その結果傲慢と倒錯に陥った以上，彼の魂自身が虚無となったといえよう。実に彼は虚無となった自分の魂自身について次のように悲嘆の声を発している。「私は滅びを愛し，自分の欠陥（defectus）を愛した。自分に欠けていたものではなくて，正に自分の欠陥そのものを愛した」（Ⅱ.4.9）と。

（ロ）　次に仲間を組むこと（以下 consortium と記す）に関するアウグスティヌスの語りに傾聴しよう。その実践的三段論法に関しては大略（イ）の内容と変わらない。問題は彼が自分一人だけでなら，決して盗まなかったと告白していることである。つまり consortium を愛したのである。しかし如上の（イ）が示すように，consortium の目的も手段選択も正に虚無的である。従って consortium 自体も虚無に陥ってしまう。実際にアウグスティヌスは，consortium は無（NIHIL）であると語っている（Ⅱ.8.16）。

盗みも無に外ならなかった。だから虚無の淵に盗む少年アウグスティヌスそして consortium は落下してしまう。彼はこのような consortium を歎いて叫ぶ。「おお，何という非友情的な友情よ」（O nimis inimica amicitia. Ⅱ.9.17）と。こうして友人たちとの他者関係も破綻したのである。

これまでわれわれはアウグスティヌスにおける盗みという根源悪的現象を考究してきた。それは行為論的なアリストテレスの実践的三段論法の枠をはるかに突破する次元の現象であった。そこで今やその特徴を，「創世記」二～三章のテキスト分析が示した三つの関係性の破綻と重ね合わせて明示しよう。梨の実の盗みのエピソードにおいて，（イ）アウグスティヌス（たち）が神の全能を倒錯的に模倣して神のように振舞った以上，彼（ら）

と神との関係は破綻した。(ロ)アウグスティヌスと友人たちとの consortium も虚無に頽落した。(ハ)同様にして物語りにあって梨の実は被造物である限り美しいとされ，自然のシンボルとして受けとられるであろう。アウグスティヌス（たち）は，その美しい梨を恰も無用・無意味なもののように棄てたのである。こうして自然と人間の関係も破綻した。

　以上のように物語りを吟味してみると，この梨の実の盗みの只中に関係性および他者性を虚無化するという仕方で根源悪が現象したといえよう[11]。

むすびとひらき

　われわれは，原罪論というキリスト教史においてかなり限定的に議論され教義化されたテーマを，今日の終末論的悲劇的状況をも考慮し，根源悪というテーマに転換し，新しい視点での考察を試みた。そのためのテキストは伝統的に原罪を示すとされた「創世記」二～三章と，原罪論で名高いアウグスティヌスの『告白』中「梨の実の盗み」のエピソードを解釈した。その結果，根源悪とは人間にあって三つの関係性の破綻として，さらに言えば，他者の他者性の虚無化として現象することが示された。ところでこの他者の虚無化は，次のような重大な帰結やヴィジョンをもたらすものと思われる。その一つ目は，それは共時的にも通時的にも，個と人間（性）全体とを呑み込む，説明できない虚無的深淵だということである。第二には，その場合，アウグスティヌスのいう遺伝による原罪伝播は最早考え議論される必要がないということである。むしろ第三には，われわれの生きる現代においてどのような形で根源悪が現象してきているのかの洞察と考

---

　11) カントにあって根源悪は，道徳律が課する絶対的命法に反して個々の人間がもつ自愛心にあるとされる。われわれは根源悪を個人の道徳的領域において説明できないと考える。「創世記」や「梨の実の盗み」のエピソードが示す他者の他者性の虚無化に根源悪の現象が見出され，それは個をも人間全体をも呑み込む説明できない深淵である。H・アーレントに拠れば「この根源悪は，その中ではすべての人間がひとしなみに無用となるような一つのシステムとの関連において現れて来る」（大久保和郎他訳『全体主義の起原　3』みすず書房，1990 年〈新装四刷〉，266 頁）。この一つのシステムは，二〇世紀では「アウシュヴィッツ」として働いたことは周知の歴史である。この巨大な全体主義的システムの内部でロボットとして働き，何百万ものユダヤ人を抹殺収容所に送り込んだA・アイヒマンの根源悪的現象については，H・アーレントの『イェルサレムのアイヒマン』（大久保和郎訳，みすず書房）が詳しい。そこで彼女はアイヒマンの判断力のない「悪の陳腐さ」(Banality of Evil) についてふれている。底知れぬサタン的悪意とは逆な陳腐さこそ根源悪の現象なのであった。根源悪について卓越した著作に次のものがある。R・J・バーンスタイン『根源悪の系譜――カントからアーレントまで』（阿部ふく子他訳，法政大学出版局，2013 年）。

究が課題になるということである。第四にその立場から，われわれは洋の東西を問わず，過去の思索家の罪業に関する古典的テキストを研究することに迫られると考えられよう。第五に，以上をふまえてわれわれには，このような根源悪の現象に呑まれつつも，どうやってそこから脱出しそれを超克できるのかを共働して思索・実践することが求められよう。われわれはすでに他者抹殺の装置や暴力として，アウシュヴィッツや原爆投下，原発の暴走の事態を知っている。先の三つの関係性の破綻に関係づければ，今日神ともいえる根源的な生命の操作・忘却や水惑星である地球の破滅の進行および人間の絆の決裂や文明間の敵対が現成していることに無力感をいだいている[12]。

その無力感が深刻なのは，われわれが根源悪の現象に直面しそこから超出しようとあがいても，新しい言葉，新しい物語りをもたないことが要因なのではなかろうか。今は預言者アモスのいう「言葉の飢饉」の時代だからであろう[13]。それではどうすればよいのであろう。

その一つの方策がわれわれの眼前にある。それは正にわれわれがその一部を読解した「創世記」と『告白』の物語りである。「創世記」の記者もアウグスティヌスも根源悪を語りつつも同時にそれを超出する希望と賛美の地平をも語ったのではあるまいか。とすれば，われわれはこれまでの解釈からさらに一歩を進めて彼らのように他者との絆の物語りを創作し物語っていく地平に立つよう招かれているのではあるまいか。

中世哲学会が他者の物語りの語り部として歩むことを共に希念し，本論のおひらきとしたい。

───────────────

[12] これらの古くして新しい疎外的状況について思索し，哲学的神学的な超出を構想した拙著に次のものがある。『出会いの他者性──プロメテウスの火（暴力）から愛智の炎へ』知泉書館，2014 年，『ハヤトロギアとエヒイェロギア──「アウシュヴィッツ」「FUKUSHIMA」以後の思想の可能性』教友社，2015 年。

[13] 「アモス書」八 11.

〈提　題〉

アウグスティヌスの原罪論における
オリゲネスの聖書解釈の影響

出村　みや子

　この発題の目的は，古代末期の神学者オリゲネス（185頃-254頃）とアウグスティヌス（354-430）を取り上げ，原罪論の成立について特に両者のパウロ解釈に焦点を当てて考察することにあり，そのためにオリゲネスの『ローマ書注解』[1]とアウグスティヌスがペラギウス主義論争に着手した最初の著作である『罪の報いと赦し（De Peccatorum Meritis et Remissione）』[2]を取り上げる。それは，アウグスティヌスの神学形成にオリゲネスの聖書解釈の影響があることが最近の研究によって徐々に明らかになっており，特にC. H. バンメルとD. キーチの研究は，『罪の報いと赦し』にオリゲネスの『ローマ書注解』の影響がはっきりと読み取れることを示しているからである[3]。

　アウグスティヌスの原罪論の成立を考える上で，オリゲネスのパウロ解釈との比較を行うのは，オリゲネスが教会史において聖書解釈者として最初に聖書全体の注解を試みたからであり，彼の聖書注解には彼以前の伝統的解釈が保持されているからである[4]。さらにオリゲネスとアウグスティ

　1）　以下の引用は基本的にオリゲネス『ローマの信徒への手紙注解』（『キリスト教古典叢書』第14巻，小高毅訳，創文社，1990年）を用いたが，必要に応じて変更した。テクストは Origène, *Commentaire sur L'Épître aux Romains Livres III-V*, texte critique établi par C. P. Hammond Bammel, traduction, notes et index par Luc Brésard, SC 539, Paris, 2010.

　2）　以下の引用は基本的にアウグスティヌス『罪の報いと赦し』（『アウグスティヌス著作集』第29巻「ペラギウス派論駁集(3)」所収，金子晴勇訳，教文館，1999年）を用いたが，必要に応じて変更した。テクストは *Salaire et pardon des péchés = De peccatorum meritis et remissione*, texte critique du CSEL; traduction de Madeleine Moreau et Christiane Ingremeau, Paris, 2013.

　3）　Caroline H. Bammel, "Augustine, Origen and the Exegesis of St. Paul", in *Augustinianum* 32, 1992, pp. 341-368; Dominic Keech, *The Anti-Pelagian Christology of Augustine of Hippo, 396-430*, Oxford, 2012.

ヌスにはいくつかの重要な共通性が認められる。

　第一に両者は古代末期の教会が直面していた共通の神学的課題（グノーシス主義の二元論と聖書解釈の問題）に正面から取り組み，当時の論争の大きな争点となっていた旧約聖書の記述における人間の罪の問題を，パウロ解釈を通じて明らかにしようと試みている。ゆえに原罪論に関係する両者のパウロ解釈を改めて検討する必要がある。第二に，マニ教の影響下に10年ほどあった若きアウグスティヌスが，マニ教の二元論や旧約聖書に対する否定的見方を克服することになったきっかけが，アンブロシウスの説教を通じて東方の聖書の霊的解釈を学んだことであったが，この解釈法はオリゲネスによって確立され，聖書解釈に適用された方法であった。第三に原罪論は当時北アフリカで行われていた幼児洗礼を神学的に基礎づけるものであり，北アフリカで神学活動を展開した二人は共に当時の幼児洗礼の習慣を，パウロ解釈を通じて基礎づける試みを行っているからである。

　さらに原罪の問題は現代の生殖や出産等のセクシュアリティの問題とも関わるゆえに，今回の発題ではジェンダー論の視点から再検討を試みる。それは E. ペイゲルスや H. キュンク，J. メイエンドルフといった最近の研究者たちがアウグスティヌスの原罪論の後世への影響について，彼が人類の罪の起源に関する聖書解釈の伝統を超えて独自の解釈を読み込んだ結果，その後の教会史における性の抑圧と女性蔑視の問題に責任があることを指摘しているからである[5]。そこでこの発題ではアウグスティヌスの原罪論の成立の経緯とその問題について，彼に先立つオリゲネスのパウロ解釈と比較しつつ，主としてジェンダー論の観点から再検討したいと思う。

I. アウグスティヌスとオリゲネスにおけるアダムの罪の理解

A. ローマ書5章12節の解釈

　最初に扱うのがローマ書5章12節の解釈である。この箇所はアダムの罪が後の人類に受け継がれることを示し，5章15節以下の記述と共にアダム―キリスト論を構成する。両者はパウロに従って原罪の起源がアダムにあることを示しているが，その際に原罪の起源を女ないし蛇（悪魔）に

---

　4) 聖書解釈者としてのオリゲネスの意義について，拙著『聖書解釈者オリゲネスとアレクサンドリア文献学』知泉書館，2011年を参照。
　5) E. ペイゲルス『アダムとエバと蛇』絹川久子・出村みや子訳，ヨルダン社，1993年；J. メイエンドルフ『ビザンティン神学』鈴木浩訳，新教出版社，2009年；H. キュンク『キリスト教は女性をどう見てきたか』矢内義顕訳，教文館，2016年を参照。

帰そうとする異論を想定してこれに反論している。

オリゲネスは原罪の起源を女に帰そうとする第一テモテ書2章14節に見出されるような見解に反論し，女性の読者をも意識した解釈を行っている。

> 「最初に，どのようにして「罪が一人の人を通してこの世に入り，罪によって死が入った」のかを確定しよう。それは実に，アダムの以前に罪を犯したのは女ではなかったのか，なぜなら女について，「彼女はだまされて罪を犯してしまいました」と言われているのだから，と問う人が恐らくいるかもしれないからです。さらに，蛇が女に「神は楽園の中のどの木からも取って食べてはいけない，と神は言ったのですか」と言った時には，蛇が罪を犯したのだから，彼女の以前に蛇が罪を犯したのではないかと［問う人もいるかもしれません］。
> 　従って，アダムよりも前に，女が罪を犯し，また他のところで使徒［パウロ］も「アダムはだまされませんでしたが，女はだまされました」（Ⅰテモテ2：14）と言っているのに，むしろ一人の女によって［と言うべきであるのにそうではなく］一人の人［男］によって罪が入ったと考えられるのは，どうしてなのか。たしかに，罪の端緒は女にあり，女の前に蛇もしくは悪魔にあります。福音書の中でも［この蛇］について言われています。「［悪魔］は最初から人殺しであった」（ヨハネ8：44）。
> 　しかし，かの使徒［パウロ］がこれらの事柄において自然の秩序をあくまで堅持していたことを見ていただきたい。さらに彼が，すべての人々に死が入るきっかけとなった罪について語っているというまさにこの理由で，彼は罪に由来する死に屈した人間の子孫の継承（successio）を，この女にではなく，この男に帰したのです。」（『ローマ書注解』第5巻第1章10-11節）。

アウグスティヌスの解釈においては，ペラギウス主義論争の文脈でアダムの罪がどのように伝わったかについて独自の見解が示され，ペラギウス派の「模倣（imitatio）」による罪の伝達の主張を退けて，「繁殖（propagatio）」による伝達が主張されている。

> 「彼ら［ペラギウス派の人々］は……罪自体が最初の人から他の人た

ちへ繁殖によってではなく模倣によって伝わっていったと考えている。ここから彼らは，原罪が新しく生まれてくる者らに全く存在しないと強く主張するがゆえに，幼児においても原罪が洗礼によって消滅するというようには信じようとしない。だが，もし使徒があの原罪について，それが繁殖によってではなく，模倣によってこの世に侵入したと言いたかったとすれば，罪の創始者をアダムではなく，悪魔であると言っていたであろう。この悪魔について，「悪魔は初めから罪を犯している」（Ⅰヨハネ3：8）と書かれているし，知恵の書においては「悪魔のねたみにより死がこの世界に入った」（知恵2：24）と記されている。というのはこの死は，悪魔から繁殖されてではなく人々が模倣するという仕方で，悪魔から人間の内に入ったがゆえに，直ちに「悪魔の仲間に属する者らが悪魔を摸倣する」（知恵2：25）と付言している。したがって使徒は一人の人からすべてに繁殖によって広まっていったあの罪と死に言及する時，人類の繁殖がそこから始まった者を創始者として主張したのである」（『罪の報いと赦し』第1巻第9章）。

　アウグスティヌスによれば，ペラギウス派はアダムを摸倣したことでその子孫に原罪が生じるとみなすゆえに，原罪による子孫の本性の腐敗とその結果としての幼児洗礼の必要を認めない。これに対してアウグスティヌスは，もし模倣であれば，パウロは原罪の起源を蛇（悪魔）に求めたはずであるとの反論を行っている。

　両者に共通に見られるのは，原罪の起源を女や蛇（悪魔）に帰そうとする異論を想定してこれに反対し，原罪の起源をアダムに帰していることであり，また創世記の蛇を悪魔と結びつけて反論していることである。しかしアウグスティヌスが「人類の繁殖がそこから始まった者」を創始者とみなし，「繁殖」によって原罪が子孫に伝わると主張したことは，金子晴勇の指摘するように罪の遺伝説につながるものである[6]。

---

6) 金子晴勇は訳注で，「「繁殖」が直ちに遺伝説に結びつくわけではないが，生殖が情欲と結びついて罪が伝わっていると説いている限りで，その傾向が認められる」と述べている（金子晴勇，前掲訳書，p. 469，注(4)）。

B.「罪の体」と「罪の肉」（ローマ書6：6と8：3）の解釈

次に両者の原罪の解釈に共通するのが，ローマ書6章6節と8章3節の「罪の体」と「罪の肉」の理解である。オリゲネスはパウロに従って人類が「罪の体」「罪の肉」を持つことを論じるが，キリストが人となったときに，その肉体は人間の持つ「罪の肉」と同じではないと述べている。

> 「彼［パウロ］は救い主についてある箇所で，「彼は罪の肉の似姿において（in similitudine carnis peccati）」来られたと言っている。ここで明らかなことは，実に私たちの肉体は罪の肉であるが，キリストの肉体は罪の肉の似姿であることです。実に［キリストは］男の子種によって宿ったのではないのです」（『ローマ書注解』第5巻第9章12節）。

アウグスティヌスも人間が「罪の肉」に生まれていることを示す際に，キリストの肉体が「罪の肉の似姿」であることを示している。

> 「彼［キリスト］は肉の誕生においてもある種の中間性を保っている。それゆえにわれわれは罪の肉に生まれているが，彼は「罪の肉の似姿において（in similitudine carnis peccati）」生まれたのであり，われわれは単に肉と血からだけでなく，人の意志と肉の意志からも生まれているのである。……ゆえに彼は聖母が罪の肉の法則によって，つまり肉の情欲の動きによって妊娠するのではなく，敬虔な信仰によって聖なる種子を宿すに値するようにした。彼は彼女を選ぶために創造し，彼女から彼が造られるために選んだのである」（『罪の報いと赦し』第2巻第24章38節）。

これらの両者の解釈に特徴的なのは，ローマ書8：3のキリストの肉体の特別な性質についての記述が共通に認められることである。特にこの箇所が新共同訳聖書では「罪深い肉と同じ姿で」と訳されているゆえに，ローマ書8章3節の引用部分を小高訳のオリゲネスのテクストも，金子晴勇訳のアウグスティヌスのテクストも，「罪の肉と同じ姿で」と訳しているが，ラテン語の similitudo の意味を生かして，「罪の肉の似姿で」と訳し変える必要がある。なぜなら両者のパウロ解釈において，同じであることを強調する ὁμοίωμα が，ラテン語訳では差異を含む類似性を意味する

similitudo と訳された結果，両者のパウロ解釈はキリスト論における新たな意味を獲得しているからである。

この点について D. キーチは，オリゲネスがキリストの肉体の特別な性質を示すために，ルカ福音書の処女マリアによるイエスの誕生の記事を導入しており，アウグスティヌスもこれを継承していることを指摘している[7]。というのも，アウグスティヌスが 396 年 1 月 21 日に行った説教 273 には既に，ローマ書 8 章 3 節の解釈において処女の無罪性とルカ福音書 1 章 34 節を結びつけた点で，オリゲネスの『ルカ福音書ホミリア』第 14 章 8 節の影響が見られるからである[8]。

C. 旧約聖書（詩編 51 篇 5 節とヨブ記 14 章 4-5 節）の解釈

さらに両者には，原罪を示唆する旧約聖書から共通の引用（詩編 51 篇 5 節「私は不法の内に孕まれ，私の母は罪の内に私を身ごもった」とのダビデの言葉と，ヨブ記 14 章 4-5 節「誰が汚れから清められているだろうか。誰もそうではない。その生命がただ一日しかなかった者ですら」）が認められる。オリゲネスは詩編のダビデの言葉についても，「実際，歴史記述によれば，彼［ダビデ］の母の罪は何も述べられていません。このために教会も使徒たちからの伝承を受け継いで，幼子に洗礼を授けているのです」と述べて，教会に幼児洗礼の習慣があることを示す際に，女性に罪を負わせてはいない（『ローマ書注解』第 5 巻第 9 章 12 節）。

アウグスティヌスの場合は原罪を「情欲の衝動によって懐胎された者たちに伝えられる罪の汚れ」とみなすと共に，ヨブ記の引用についても，すべての人が「肉の情欲とこの世から生まれた子どもである」ゆえに「怒りを受けるべき者」（エフェソ 2：3）であると述べて，生殖に伴う性的罪の要素を強調している（『罪の報いと赦し』第 2 巻第 10 章 15 節）。

II．両者の原罪論理解の特徴

以上の比較から分かるのは，オリゲネスの原罪理解の特徴がパウロのアダム―キリスト論の記述に基づいて，人類の罪の起源とキリストによる救いの問題を聖書解釈の枠組みの中で論じていることである。ジェンダー論との関係で注目すべき点は，彼が人類の原罪の継承の論拠としてヘブライ

---

7) D. キーチ，op. cit., p. 132.
8) D. キーチ，op. cit., pp. 121-127, p. 141.

書7章1, 9-10節のレビ人の解釈に基づき，アダムの子孫は既にアダムの腰の中にいたとみなす解釈を行っていることである（『ローマ書注解』第5巻第1章12節）。これは原罪の起源と継承を父系の系譜を通じて辿る伝統的解釈であり，罪の起源を女に帰すユダヤ教の反女性的解釈や，原罪を生殖と結びつける解釈を退けるものであった[9]。

しかし「アダムの腰の中にいた」人類が，アダムの子孫として原罪を継承するとのオリゲネスの解釈は，アウグスティヌスの時代にはむしろペラギウス派によって幼児洗礼不要論の文脈で用いられていた。アウグスティヌスはヘブライ書7章9節に基づいて論敵が「罪人が罪人を産んだなら，義人は義人を産むに違いない」と主張していたことを伝えている。「彼らは言う，「ヘブライ人宛てに書かれた手紙によれば，アブラハムの腰にいたときのレビ人は十分の一税を支払うことができたとしたら，どうして自分の腰にいたときに［その子どもは］洗礼を授けられることができなかったであろうか」」（『罪の報いと赦し』第2巻第25章39節）。

従ってアウグスティヌスは彼らに対して有効な議論として，原罪の継承を現実の結婚や出産と結びつける解釈を展開し，原罪によって人類が恩恵を喪失したために，「この世の子らの中にあって未だなお古い状態を引きずっているがゆえに，人は子を産む」との反論を行ったと考えられる。というのも，アウグスティヌスの時代の北アフリカの教会の伝統においては，人類にとって失われた恩恵の回復には幼児洗礼が不可欠であり，自力での回復は不可能とみなされており，そのためにローマ書5-7章に，彼以前の聖書解釈者たちには見られなかった解釈を加える必要が生じたからである。

アウグスティヌスの原罪論の問題は，パウロ解釈において現実の結婚や出産，幼児洗礼の問題を視野に入れた議論を行っているゆえに，男女が区別されず，原罪の起源を女に帰すシラ書25章24節をも引用していることである。また夫婦関係に関する主の言葉（マタイ福音書19章5節）も引用され，原罪が男女の性行為と結びつけられている。原罪は「男と女が一つの身体となる」原初の夫婦以来の結婚や生殖に関わり，そこに恩恵の問題も関わる。創造されたアダムは「恩恵によって魂がそのすべての部分をもって従順であったが，彼の違反が恩恵を喪失させた」結果，「獣のよう

---

9) オリゲネスのジェンダー論理解について，拙論 "The Relationship between Man and Woman in the Alexandrian Exegetical Tradition" in Wendy Mayer and Ian J. Elmer [Eds.], *Men and Women in the Early Christian Centuries,* 2014, Strathfield (Australia), pp. 135-148 を参照。

な衝動」と表現される本性の壊廃が生じた。それは「予期しない有害な腐敗から懐胎されて人々の内に生じたある病」のせいであったという（『罪の報いと赦し』第1巻第16章21節）。人類にとって失われた恩恵の回復には幼児洗礼が不可欠であり，自力での回復は不可能となる。

最後にアウグスティヌスの原罪論理解を論じる際に問題となるのが，彼のローマ書5章12節のラテン語訳の問題である。アウグスティヌスがローマ書5章12節の「すべての人が罪を犯したので（ἐφ᾽ᾧ πάντες ἥμαρτον）」をラテン語訳で「彼（すなわちアダム）においてすべての人が罪を犯した（in quo omnes peccaverunt）」と読んだことが，先に述べたように「その後の教会史における性の抑圧と女性蔑視の問題に責任がある」との事態を招き，その後の東方と西方の伝統における解釈の違いを生むことになったのである[10]。

結　論

以上の両者の原罪理解の比較を通して，両者のローマ書解釈には共通の理解や聖書証言がいくつか見られることを確認した。確かに C. バンメルが指摘したように，アウグスティヌスはオリゲネスの聖書解釈の伝統を知っていたと思われるが，それは彼が若い頃にアンブロシウスやシンプリキアヌスを通じて東方の聖書解釈の伝統を知り，後にアクイレイアのルフィヌスとその友人たちとの交流を通じてオリゲネスの著作のラテン語訳を入手していたためである。しかしアウグスティヌスはそれらを選択的に採用し，新たな解釈を展開している。これは，オリゲネスが一貫して聖書解釈者として個々の問題について読者と探究を共有し，時に問題を未決のままにしたり，別の解釈の可能性にも言及したのに対し，アウグスティヌスは司教としてその都度問題となるテーマとの関連で，聖書の中心メッセージを単純かつ分りやすい形で読者に提示することに努めていたためである[11]。

---

10)「しかし，このような意味は本来のギリシア語からは引き出すことができないのである。ビザンティン人たちが使った本文は，もちろんギリシア語である。ἐφ᾽ᾧ は「〜ので」と理由句に訳すことができ，それはあらゆる教派的背景に立つ現代のほぼすべての学者が受け入れている意味である。この訳語によれば，パウロの思想は，アダムに対する「罪の報酬」（ローマ 6：23）であった死はアダムのように罪を犯す者たちへの罰である，という意味を持つことになる。それはアダムの罪の宇宙論的意義を前提にしているが，アダムの子孫はアダムが罪を犯したように罪を犯さなくても，彼のように「有罪」である，とは語っていないのである」（J. メイエンドルフ，前掲書，p. 226，なお引用文を必要に応じて変更した）。

特にオリゲネス主義論争の進展と共に、アウグスティヌスは司教として状況に応じて選択的にオリゲネスの聖書解釈の伝統を受け入れていったために、ペラギウス主義論争では独自の解釈を展開した箇所も多い[12]。それは金子晴勇の指摘するように、「司教として広く民衆に触れ、その慢性的な病弱状態を知悉し、情欲に負けた自己の内なる罪の深淵にたえず目を向け、根源的罪性を洞察した」結果であろう[13]。

しかしここから現代人が「罪の遺伝」の思想や教会の幼児洗礼の習慣の問題をどのように理解すべきかについては、ジェンダー論の視点から再検討の必要があると思われる。いずれにしてもパウロの「アダム—キリスト論」の伝統的解釈は、アウグスティヌスによって人類の原罪による恩恵の喪失とその回復の手立てとして新たに解釈されることになったのである。

アウグスティヌスにおける楽園神話解釈に基づく人間観の形成
――「嘘」の概念に注目して――

佐藤 真基子

本提題者は 2010 年の中世哲学会において、アウグスティヌスが『告白』第 10 巻において自らの欲の把握し難さ、制御し難さを、「嘘」の概念と関係づけていることを論じた。

今回の発表においてはこの「嘘」の概念にふたたび注目することによって[1]、欲についての彼の議論の背景に、「創世記」の楽園神話解釈があり、

---

11) C. バンメル, op. cit., pp. 351-352 参照。オリゲネスは『ローマ書注解』第 5 巻第 1 章 14 節において、「だが、私たちは使徒［パウロ］がこれらの問題について個別に言及していないのを知っているゆえに、これらについて長々と論ずるのは安全ではない（de his non est tutum plura disserere）」と述べて、パウロの言葉を超えて論じることを戒めている。

12) オリゲネス主義論争について、D. キーチ前掲書、および Elizabeth A. Clark, *The Origenist Controversy: The Cultural Construction of an Early Christian Debate*, Princeton, 1992 を参照。

13) 金子晴勇, 前掲訳書, p. 241.

その解釈が，アウグスティヌス独自の人間観とその原罪論に展開していることを論じる[2]。

1.『告白』第 10 巻における「嘘」の概念

はじめに，『告白』（397/401 年）第 10 巻における「嘘」の概念について確認しよう。先に拙稿（本稿注 1 参照）で注目したように，アウグスティヌスは『告白』第 10 巻 41 章 66 節において，自らが真理なる神を失った原因を説明し，それを失ったのは自らが「嘘を所有したいと欲した（volvi possidere mendacium）」からだと述べている。ここでアウグスティヌスが言及する「嘘（mendacium）」は「虚偽（falsum）」とは区別されていると考えられる。じっさい，本巻 30 章以降で展開している，彼自身の現在の諸々の欲のあり方を吟味する議論において，彼は繰り返し，「欺き」の概念に言及している。

> 身体の必要な配慮が援護を求めているのか，それとも欲の欺瞞的な（fallacia）快楽が奉仕を請うているのか，しばしば不確かだ。（『告白』第 10 巻 31 章 44 節）

> 私は香りの誘惑についてはあまり困っていない。ないときは求めないし，あるときは退けない。常にそれがなくても大丈夫だ。私にはそう思われる。もしかすると欺かれている（fallar）のかも知れないが。（『告白』第 10 巻 32 章 48 節）

> しかし私の肉のよろこびは，そのよろこびに精神の力を奪われてしまってはならないのだが，しばしば私を欺く（fallit）。（『告白』第 10 巻 33 章 49 節）

1） このときの発表に基づく論文は，佐藤真基子「アウグスティヌス『告白』第 10 巻における自己欺瞞の理解」,『中世思想研究』第 53 号, 2011 年, pp. 59-75。

2） 本発表は，同年に行った，以下の二つの学会における成果発表の部分の要約である。いずれの成果も，JSPS 科研費 15K02073 の助成を受けたものである。"Deception and Self-knowledge in Augustine's Interpretation of the Paradise Myth", 10ème Édition du Congrès Celtique en Études Classiques (Celtic Conference in Classics), Montréal, 22 Juillet. "Lying as a human nature: Augustine's concept of lie in the Pelagian controversy," Asia-Pacific Early Christian Studies Society, 11th Annual Conference: Early Christian Responses to Conflict, Australian Catholic University, Melbourne, 24th October.

このことに関して,私はあなたを知っているほどにも自分を知らない。(……)「私は自らを欺いていて (seducam),心においても舌においてもあなたの御前で真実を為していない」ということになるのだろうか。(『告白』第10巻37章62節)

これらの言明において,「欺く」主体は,「欲の快楽 (volputaria cupiditatis)」,「わたしの肉のよろこび (delectatio carnis meae)」,あるいは「私」すなわちアウグスティヌス自身である[3]。分裂した自らの欲のあり方を語る『告白』第8巻の議論において,既にアウグスティヌスは,神を求める意志に背く意志も,「私」と別の本性に由来するものではないと論じているから[4],この第10巻の議論においても,「欲の快楽」,「肉のよろこび」は,いずれも「私」自身に由来するものであって,アウグスティヌスは自らの内に自らを欺くあり方があるとみなしていると解釈できる。この自らの「欺き」が,40章66節では「嘘」と表現されており,その「欺き」の結果は,欲のあり方を明らかにしようとしても完全には明らかにし得ないという,自らの無知と,それによって神を完全な仕方で所有することができないという,自らの弱さである。「その方(主)の目において,私は私にとって謎となった。私こそが私の弱さだ (in cuius oculis mihi quaestio factus sum, et ipse est languor meus)」というアウグスティヌスの有名な言葉も,彼の欲のあり方を吟味するこの第10巻の議論の中で語られた言葉である(33章50節)。

「無知」と「弱さ」は,後にペラギウス派との論争を展開する時期にアウグスティヌスが執筆した著作では,アダムとイブの犯した罪に由来してすべての人間がもつあり方としてたびたび語られる。

> だが今人間は,恐るべき無知 (ignorantia) と,肉体でなく精神の弱さ (infirmitas) のゆえに,それ(神の命令に従うこと)を全くできないようなあり方で誕生する。(『罪の報いと赦し,幼児洗礼について』(411年)第1巻37章68節)

---

3) 62節の言説で fallor でなく seduco の語が使われているのは,それが聖書からの引用であるからで,意味の区別はないと解釈できる。

4) 『告白』第8巻10章22節参照。

特集　中世における原罪論の諸相 I

> 私たちは二つの理由から罪を犯す。すべきことが分からないことによってか，あるいはすべきことは既に分かっているのにしないことによって。これら二つの内前者は無知（ignorantia）の悪であり，後者は弱さ（infirmitas）の悪だ。（『エンキリディオン』（421/422 年）22 章 81 節）

『告白』第 10 巻の議論では，「無知」と「弱さ」は必ずしも明示的に術語として語られているのではないし，直接アダムとイブの物語と関連づけて語られているのでもない。しかし，上で言及した，分裂した自らの欲のあり方を語る『告白』第 8 巻の議論でアウグスティヌスは，この欲の分裂が，アダムの罪に由来するものであるという考えを述べている。

> 私は，既に長い間目論んでいたように，我が主なる神に今や仕えようかと思案していたとき，望んでいたのは私だったが望んでいないのも私だった。その私こそが私だった。私は完全に望んでいたのではなく，また完全に望んでいないのでもなかった。それで私は私と争い，私自身から分裂させられた。この分裂そのものは，たしかに私の意に反して生じたものだった。だがそれは異なる精神の本性を示していたのではなく，私の罰を示していた。だからもはや私がその分裂を引き起こしていたのではなく，私の中に住まう，より自由な人の罪に対する罰に由来する罪が引き起こしていたのだった。私はアダムの子なのだから。（『告白』第 8 巻 10 章 22 節）

以上のことから，『告白』第 10 巻においても，アウグスティヌスは「創世記」の物語を念頭においていると推測できる。そしてこの推測に立つとき，上で引用した第 10 巻 31 章 44 節の言明に続いて，次のようにアウグスティヌスが語っていることは注目に値する。

> 不幸な魂はこの不確かさに気をよくして，その不確かさに弁解の口実を用意し，健康維持を笠に着て快楽の為すことを隠すために，健康を管理するのにどれだけのもので十分かがはっきりしないのをよろこんでいる。（『告白』第 10 巻 31 章 44 節）

この言明から分かるのは，「欲の欺瞞的な快楽」という，欺く「私」と，

その欺きによって，もつべきでない欲を満たしてしまう「私」に加えて，この欺瞞をよろこんで受け入れようとする「不幸な魂」としての「私」という三つの構造で，アウグスティヌスが考えているということである。この三つの構造は，欺く主体であるヘビ，その欺きをよろこんで受け入れるイブ，結果，罪を犯すアダムという，「創世記」の物語と一致しているように見える。かくして『告白』第10巻41章66節でアウグスティヌスが語る「嘘」の概念の背景にも，この楽園神話解釈があると推測できよう。では，「創世記」解釈において，アウグスティヌスが「嘘」の概念をどのように論じているかを，次に見ることにしよう。

2. 楽園神話解釈における「嘘」の概念

「創世記」第2章から第3章で語られる楽園神話において，「嘘」の概念は言及されていない。しかしアウグスティヌスは，『マニ教徒に対する「創世記」注解』(388/389年) において，「嘘」の概念を関係づけてその解釈を展開している。

> じつにイチジクの葉は，もしこのことが非物体的な事柄においてもうまく言われるなら，何らかの痒みを指し示している。精神はその痒みを，嘘をつくよろこびや欲求によって驚くべき仕方で被る。(『マニ教徒に対する「創世記」注解』第2巻15章23節)

この言明においてアウグスティヌスが「嘘」の概念を関係づけているのは，イチジクの葉によってアダムとイブが互いに互いの部分を隠す行為である。隠しているのは，自らの本当の欲のあり方であり，その行為によって，互いが互いを完全な仕方で見ることができないという事態が生じている。

アウグスティヌスはまた，次のようにも論じている。

> 彼らはその方（神）の「声を聞いて」，その方の視野から「隠れた」。神を捨て，自らのものを愛し始めた者より他に，誰が神の視野から隠れるだろうか。というのも，彼らは嘘という覆いをもっていたからだ。すなわち「嘘を語る者は，自らのものから語る」（ヨハ8：44）。(『マニ教徒に対する「創世記」注解』第2巻16章24節)

だが真理そのものは，それ（人間の魂）より上にある不可変なる神だ。

それゆえ，誰であれその真理から背いて自らの方に向かい，導き手であり照らし手である神からではなくまるで自由な動きであるかのように自らの動きからよろこびあがる者は，嘘によって暗くされる。じっさい，「嘘を語る者は，自らのものから語る」のだから。そしてそうした仕方で混乱し，預言者のあの声，すなわち「私の魂は自分自身に向かって混乱した」（詩41：7）と言われたことを証する。（『マニ教徒に対する「創世記」注解』第2巻16章24節）

ここでもアウグスティヌスは，自らを隠すという人間の行為と，「嘘」の概念を関係づけている。アダムとイブは神から「隠れた」が，神の目には彼らが見えなくなるということはなく，神は欺かれない。二人が「嘘」によって欺いたのは，神ではなく彼ら自身である。そしてその嘘によって，彼らは真理である神を失い「暗くされる」。この注解におけるアウグスティヌスの議論は，『告白』第10巻における，「嘘」によって真理である神を失い自らのあり方を知ることさえできないという議論と一致していることが分かる[5]。『告白』第10巻の議論は一見したところアウグスティヌス個人の話として語られているが，しかしその背景に，最初の人間に由来してすべての人間がもつ罪のあり方についての理解があることは，確かであると言えよう。

じっさい，『マニ教徒に対する「創世記」注解』以降『告白』を執筆するまでに取り組まれた著作においても，アウグスティヌスは，「嘘」の概念と自らを「隠す」行為を関係づけ，内在する罪によって人間は自らを欺くという人間観を示している。

> 嘘つきや欺く人たちのことを加えて考えてごらんなさい。彼らをとおして，言葉によって心が明らかにされないばかりでなく隠されているということを，君は容易に理解できるだろう。（『教師論』（389年）13章42節）

だから虚偽が生じるのは，事物そのものが欺くからではなくて，

---

[5] 次の言説も，最初の人間がついた「嘘」が，彼らの子孫であるすべての人間がもつあり方に反映しているというアウグスティヌスの考えを示している。「つまり，彼らは真理の顔を放棄して嘘をつく欲望を求め，神は嘘つきな心が隠れている彼らの身体を，肉のこの死すべきあり方に変えた」（『マニ教徒に対する「創世記」注解』第2巻21章32節）。

(……)魂が真理を捨て，それを無視して真実を求めるとき，罪が魂を欺くからだ。(『真の宗教』(390/391年)36章67節)

3.「すべての人間は嘘つきである」という人間観

『告白』以降，とくにペラギウス派との論争を展開する時期になると，アウグスティヌスはその著作において，「嘘」の概念と，最初の人間に由来してすべての人間がもつ罪を，明示的に関係づけて論じるようになる。論争をとおしてアウグスティヌスとその敵対者は，聖書の言葉を挙げて自らの見解の根拠とするが，アウグスティヌスはしばしば，「すべての人間は嘘つきである」(詩115/6：2；ロマ3：4)という言葉を挙げて，すべての人間は最初の人間に由来する罪をもつから自力で救いに至ることはできないという見解の根拠としている。アウグスティヌスによれば，彼のこの見解に対してカエサリウスは，次のように指摘する。

> じっさい彼(カエサリウス)は言う。「民数記に『正直な人間』と書かれていること，そして聖ヨブについて『ウツの地住むヨブという名の人がいた。彼は正直で，責めるべきところがなく，正しく，神を崇め，あらゆる悪しき事柄から離れていた』(ヨブ1：1)と言われていることに彼らは答えるべきだ」と。(『人間の義の完成』(415年)12章29節)

カエサリウスの指摘は，正直な人間の存在も聖書では語られていることをどう説明するのか，というものだ。この指摘に対してアウグスティヌスは，聖書が語る「正直な人間」の例は，すべての人間がもつ罪に同意しない人のことであって，罪をもたない人のことではないと反論する[6]。そして，さらに「彼は正直な人間の奇跡を成した」(ヨブ17：8)，「嘘つきな人々は知恵を覚えていないだろう。だが正直な人々は知恵において見出されるだろう」(シラ15：8)，「彼らの口に嘘は見出されず，彼らには汚点がない」(黙14：5)といった聖書の言葉を挙げて反論するカエサリウスに対して，アウグスティヌスは次のように答える。

> これらのことに対して私たちもまた返答するが，その際心を向けるの

---

6) 『人間の義の完成』12章29節参照。

は，人間は神の恩恵と真理によって正直なのであって，自分自身によっては疑いなく嘘つきなのだということがいかにして語られるべきか，である。このことから，「すべての人間は嘘つきだ」と言われた。彼自身提示した「だが正直な人びとは知恵において見出されるだろう」（シラ 15：8）という知恵についての証言もこのことを語っている。知恵においてではなく，自分自身において嘘つきであることが見出されるだろう。（『人間の義の完成』12 章 30 節）

　このアウグスティヌスの返答において，「神の恩恵と真理によって（per dei gratiam atque veritatem）」と「自分自身によって（per se ipsum）」，「知恵において（in illa (sapientia)）」と「自分自身において（in se）」が対比されており，いずれも「自分自身」に由来するものとして「嘘つき」というあり方が語られていることに注目してほしい。同様の対比はパウロ書簡の言説に見出されるものであり，アウグスティヌスは 394 年頃から取り組んだ一連のパウロ書簡解釈において既に，この対比に「嘘」の概念を関係づけて論じている。

　「兄弟のみなさん，あなたがたに私が告げた福音は，人間に従った（secundum hominem）ものではない。じじつ私は人間からこの福音を受け取ったのでもなければ教えられたのでもなく，イエス＝キリストの啓示によってなのだ」（ガラ 1：11-12）。人間による福音は，嘘（mendacium）である。「すべての人間は嘘つき」なのだから。じっさい何であれ人間の内に何か真理に属するものが見出されるなら，それは人間からではなく，神から人間をとおしてあるのだから。（『「ガラテヤの信徒への手紙」注解』（394/5 年）6 節）

　「によって（per）」，「において（in）」，「に従って（secundum）」，「から（a, de）」など様々な前置詞を用いながら，人間と神を対比させ，人間に由来するものとして「嘘」を位置づけるアウグスティヌスの議論は，たしかに彼の初期著作に既にその萌芽があると言えるだろう。しかしその議論が，すべての人間のあり方を語る人間観として深化し明示的に提示されるようになるのは，ペラギウス論争期に至ってからである。じっさい，上で引用したガラテヤ書注解とほぼ同じ頃に，アウグスティヌスは「嘘」の概念を主題として『嘘論』を執筆しているが，『嘘論』では，「すべての人間は嘘

つきである」という聖書の言葉は言及されていない。『嘘論』における議論をとおしてアウグスティヌスが主張するのは,「あらゆる嘘は罪である」（だから嘘をついてはならない）というものだ。しかし同じく「嘘」を主題として 420 年に執筆された『嘘駁論』でアウグスティヌスは次のように述べて,すべての人間は,最初の人間に由来して「嘘」というあり方をもつという人間観を,罪の概念と関係づけて明示している。

> じっさい,嘘という名称は罪という名称の代わりに言われることもある。このことから,「すべての人間は嘘つきだ」ということも言われる。じっさい,「すべての人間は罪人だ」と言うのと同じ意味で言われたことなのだ。（『嘘駁論』20 章 40 節）

『嘘駁論』とほぼ同時に執筆された『神の国』第 14 巻（418/420 年）においても,同様の人間観が明示されている。

> じっさい人が自分自身に従って生きる,つまり神に従わずに人間に従って生きるなら,じつに嘘に従って生きる。人間そのものが嘘だからではない。人間の創始者であり創造者であるのは神なのだから。神はたしかに嘘の創始者,創造者ではない。そうではなく,人間は自分に従ってではなく,自分を創ってくださった方（神）に従って生きるように創られたから,つまり自分の意志ではなくその方の意志を為すように創られたからだ。そう生きるように創られた仕方で生きないこと,これが「嘘」ということだ。たしかに人は幸せであり得るように生きていない場合でさえ,幸せであることを欲する。こうした意志より欺瞞的なものがあろうか。だから「すべての罪は『嘘』だ」と言われるのは言い得ている。じっさい,私たちにとって善くあるよう欲する意志,または悪くあるよう欲しない意志によらずに罪は生じない。とすれば,嘘とは,私たちにとって善くあるよう為されるが結果むしろ私たちにとって悪くなること,または私たちにとってより善くあるよう為されるが結果むしろ私たちにとってより悪くなることだ。その理由は,人間にとって善くあるのは,人間自身からでなく神から以外にあり得ないからに他ならないだろう。その神を,人は罪を犯すとき捨て去り,自らに従って生きることで罪を犯す。（『神の国』第 14 巻 4 章 1 節）

この言説においても,「に従って (secundum)」,「から (de)」といった前置詞とともに,神と人間が対比されており,初期著作に由来する理解がそこにあることが分かる。また,ここでは「意志」の概念が言及されており,自らの意志のあり方に「嘘」を見出す『告白』第10巻の議論と一致する理解が示されてもいる。

このようにアウグスティヌスは,神を愛し求めながらもそれに背く意志も同時に抱いてしまう心のあり方に,すべての人間に共通する「罪」を見出している。それは真実を心に抱きながらも虚偽を語る,「二心」をもつ嘘つきのあり方に他ならない。「嘘」を一つの言語行為としてではなく,原罪としてすべての人間がもつ生のあり方とみなす彼の理解は,その最初期の楽園神話解釈に既にその萌芽がありながら,後期に至るまでに深化し,固有の人間観を形成したと言えるだろう。

この彼の人間観,原罪理解は,しばしばそう言われるように「悲観的」なものだろうか。嘘つきは虚偽のみを愛する者ではなく,真理を失いたがらないという仕方で真理をも愛する者だ。「嘘」を人間の生のあり方として位置づけるアウグスティヌスは,罪人である人間の生にこそ,神との根源的なつながりを見出しているのではないか。それは闇の中にこそ光を見出そうとする,希望をもった人間観であると言うべきだろう。

ペラギウス派による原罪論批判の本質と課題
——悪は「善の欠如」であるか？——

山田　望

I. 近年の研究動向とペラギウスの非論駁的文書

　本シンポジウム提題では,最近の研究動向をも踏まえながら,ペラギウス派によるアウグスティヌスの原罪論に対する批判の本質とは果たして如何なるものであったのかについて,とりわけ,ペラギウスの弟子であったエクラヌムのユリアヌスとの性欲を巡る論争を手懸かりとして探りつつ,原罪論批判によって浮かび上がってくるさまざまな課題を浮き彫りにする

ことを目的としている。

ところで提題者は，シンポジウムでの発表を終了するまで，執筆既定の中に，本提題原稿には「6枚程度」との分量制限のあることに気づかず，発表当初，A4原稿17枚，約2万字に上る原稿を用意して提題を行った。発表後にはじめて分量制限について知り，章立てを大幅に割愛の上，出典を明記した注を大幅に削除し，17枚の原稿を6枚に抜粋，縮小した「抄録」として，本提題原稿を投稿することとした。本稿には，当初の提題原稿の内，III章の本文のみを，注も大幅に削除して収めており，当日発表した17枚のフルテキストについては，シンポジウム企画委員とも相談の上，その後の新しい知見をも盛り込みながら，あらためて別の学術誌に掲載することとなった。

なお提題者は，2017年9月24日にメルボルンで開催されたAPECSS (Asia Pacific Early Christian Studies Society) 学会にて，異なるタイトル，論旨ではあるが，本提題の結論部分以外の内容をも包含しつつ，新たな知見を提示する英文発表を行っており，その発表内容は，2018年中に以下の表題で，Brillの学術誌 Scrinium, Vol. 14 に，総32頁からなる英文フルテキストで掲載される予定である。N. Yamada, "Rhetorical, Political and Ecclesiastical Perspectives of Augustine's and Julian of Eclanum's Theological Response in the Pelagian Controversy," Scrinium, Vol. 14, Brill, 2018, (in print). 以上の経緯により，本稿においては，シンポジウムでの提題発表の内，主にIII章で取り上げられた，アウグスティヌス最晩年にユリアヌスとの間で交わされた論争の内容に限定し，ペラギウス論争における，原罪論や性欲観を巡る諸問題の本質的解明を試み，かつ，発表原稿の結論部分を最後に提示することで，「抄録」として提題内容を纏めることとしたい。

長らくペラギウス派の研究は，論争に勝利した正統派アウグスティヌス側からの，あくまでも異端者として見なす研究が主流であった。しかし，この数十年の間に劇的に研究状況が変化し，現在では，ペラギウス派内部にかなりの多様性のあったことが明らかとなり，アウグスティヌスとの論争以前に書かれた非論駁的文書の評価から，これまでとは大きく異なるペラギウス像が浮き彫りとなり，ペラギウス派の主張を肯定的に評価する研究も現れている。その最大の根拠は，西方側では絶大な影響を及ぼし，西洋キリスト教神人学の重要な要となってきたアウグスティヌスによる原罪論が，キリスト教古代の教理確立に重要な役割を果たした東方教会では全

特集　中世における原罪論の諸相 I

く痕跡を残しておらず，正教会の神人学ではほとんど顧みられてこなかったとの明らかな事実による。今日では，ペラギウス派の神人学を東方神学やギリシャ的修道論との関連で解明しようとする研究が中心となり，かつ，北アフリカの霊性・人間観との対比や，東方での神学派閥をめぐる教会政治的状況の中で見直しを図ろうとする研究も現れるようになった[1]。

最近の研究によれば，アンティオキア伝承の流れを汲む神人論を展開させた長老ルフィーヌスと呼ばれる人物がペラギウス派の創始者であり，その特徴的見解の唱道者であったとする見方が有力なものとなりつつある[2]。

ペラギウス自身については，その非論駁的文書の研究が進んだ結果，体系的理論による論争よりも，ローマ教会内部に生じた新たな状況を前に，絶望する信徒を励まし彼らの生きようとする意欲を何とか途絶えさせないよう司牧的配慮に賢明に勤しむ姿が明らかとなった。ペラギウスを取り巻いていたローマ教会の新たな状況とは，それまで教会の外で罷り通っていた弱者抑圧の不義不正がキリスト教会内部において跋扈し，いと小さき多くの信徒が，権威を振りかざす，驕り高ぶった富める者，力を行使できる者たちによって苦しめられているとの，キリスト教会始まって以来の危機的な状況に他ならなかった。ローマ教会内部の深刻な状況への言及は，ペラギウス派文書において枚挙に暇がないが，たとえば『キリスト者の生活について』においては，教会内部の弱者抑圧の現状が生々しく指摘されており[3]，その現状批判の文脈におけるペラギウスの言葉，すなわち，「手が清く，あらゆる不義や略奪からも免れており，また，祈りの唇が正しく，あらゆる罪からも免れている人は，神に手をさしのべるに値する」との発

---

1) ペラギウス派を東方神学との類似性の観点から評価しようとする研究は，最初期のものとして，T. Bohlin, Die Theologie des Pelagius und ihre Genesis, Uppsala/Wiesbaden, 1957; G. Greshake, Gnade als konkrete Freiheit. Eine Untersuchung zur Gnadenlehre des Pelagius, Mainz, 1972；その後のものとして，山田望『キリストの模範——ペラギウス神学における神の義とパイデイア』教文館，1997 年；M. Lamberigts, "Competing Christologies: Julian and Augustine on Jesus Christ," Augustinian Studies, 36: 1, 2005, pp. 159-194; A. Dupont, "Die Christusfigur des Pelagius. Rekonstruktion der Christologie im Kommentar von Pelagius zum Römerbrief des Paulus," Augustiniana, 56: 3-4, 2006, pp. 321-372; W. Dunphy, "The Pelagians and their Eastern (Antiochene) Sources: Theodore of Mopsuestia on Lk 2.52 in the Liber de Fide by Pseudo-Rufinus?" Revue d'études augustiniennes et patristiques, 58: 1, 2012, pp. 97-111.

2) W. Dunphy, "Marius Mercator on Rufinus the Syrian, Was Schwartz Mistaken?" Augustinianum, 32: 2, 1992, pp. 279-288; Id., "Rufinus the Syrian: Myth and Reality," Augustiniana, 59: 1-2, 2009, pp. 79-157.

3) Pelagius, Liber de vita christiana, 11 = PL 40, 1041.

言が，前後の弱者抑圧を指摘した文脈から全く切り離されて，原罪を否定し完全さを要求する傲慢な功績主義の言葉としてディオスポリス司教会議において告発された[4]。ペラギウスは，そのような言葉を語ってはいないと弁明し，この会議では無罪となったが，アウグスティヌスが，ペラギウスは虚偽の発言によって言い逃れをしていると告発したために，最終的にペラギウスは，原罪を否定する異端者として排斥される結果となった[5]。ディオスポリス司教会議で引き合いに出された発言は，完全さを要求する傲慢な功績主義の発言などでは全くなく，ましてや原罪を否定する意図で語られた神学的主張でもなかった[6]。教会内部の弱者抑圧を指摘しようとした本来の真意から全くかけ離れた扱いを受ければ，そのような言葉を語ってはいないとペラギウスが否定したのも当然のことであった。アウグスティヌスには，ペラギウスの真意が全く理解できなかった，あるいは文脈を無視して抜粋されたその一文をもって，ペラギウスを誤解したとしか言いようがない[7]。

　ペラギウス派の言動を規定していた当時のローマ教会内部の状況は，迫害を生き抜いてきた自発的信仰者集団としての初代教会ではもはやなく，それまで教会の外にあったはずの弱者抑圧の構図を抱え込み，構造悪としてのさまざまな差別にキリスト者自身が支配されるようになった多数派教会の現状に他ならなかった。教会内部に新たに生じた危機的・否定的状況に対する批判としてのペラギウスの発言の真意を汲み取ろうとせずに，ペラギウス派を，恩恵を無に帰する傲慢な功績主義者，原罪の悲惨さを否定する楽観主義者と決めつけるのは，初めて本格的なペラギウス派文書の史料史的研究を公にしたT・ボーリンの言葉に従えば，カリカチュアのレベルに留まる偏見に満ちた見解であったと言えよう[8]。

---

4) Ibid., 11 = PL 40, 1042.
5) この経緯については，R. E. Evans, "Pelagius' Veracity at the Synod of Diospolis," Studies in Medieval Culture, Kalamazoo, 1964, pp. 21-30.
6) ディオスポリス司教会議議事録の復元と問題点については，W. Dunphy, "Concerning the Synod of Diospolis and its Acts," ACADEMIA Humanities, Social Sciences, 63, 1996, pp. 101-117.
7) ペラギウスの発言の真意については，N. Yamada, "Pelagius' Narrative Techniques, their Rhetorical Influences and Negative Responses from Opponents Concerning the Acts of the Synod of Diospolis," Studia Patristica 98, 2017, pp. 451-462.
8) T. Bohlin, op. cit., p. 40.

II. ユリアヌスによるアウグスティヌス批判

　エクラヌムの司教であった45歳のユリアヌスと，齢75歳を過ぎてもなお巧みな修辞的弁舌を駆使するアウグスティヌスとの，原罪と自由意志，性欲や結婚を巡る論争は，ペラギウス論争のクライマックスとも称すべき最も長大な論争の舞台となり，双方が修辞的技巧に長けていたこと，お互いに揚げ足を取り合うような局面も度々重なったこともあり，複雑煩瑣な論旨をきわめて冗長に論じ合った結果，『ユリアヌス駁論──未完の書』は1000頁を超えても未完のまま終わることとなった[9]。

A. アウグスティヌスの原罪論と性欲観

　アウグスティヌスは，創世記3章16節「あなたの産みの苦しみを大いに増す。あなたは苦しんで子を産む。」との聖句から，性欲，生殖に伴う快楽，さらに出産の際の陣痛をまさに原罪の現れであると理解する。生殖や出産に伴うこれらの快楽や痛みを，アウグスティヌスは，自然そのものが堕落し病める状態にあることの証であると見なしたのである。

　アウグスティヌスにとって人間の自然本性は，アダムの堕罪以降，壊廃し欠損を被ったために，それが神から注がれる特別な恩恵によって癒され回復されない限り，いわば肉欲の病に捕らわれ，自由意思に損傷を被った病める自然本性に他ならない。しかしながら，キリスト教徒のみがキリストの恩恵によって「解放された意志（liberum arbitrium liberatum）」を持つことができ，肉欲の奴隷としての桎梏から解き放たれる。しかし，それでもなおキリスト教徒になった後も性欲は残る。この矛盾を，アウグスティヌスは，使徒パウロの「義人にして罪人」という標語の下に解消しようとする。

　洗礼を受け原罪から浄められたはずのキリスト者にも性欲は残る。ここからアウグスティヌスのいわば「きわどい」性欲解釈が展開される。キリスト者の場合に，性欲は「もはや罪ではないが，しかしそのように呼ばれる（iam non sit peccatum, sed hoc vocetur）。」キリスト者の夫婦においても，生殖のために性欲は不可欠である。しかし，キリスト者の夫婦の場合，

　9） Augustinus, Opus Imperfectum Contra Iulianum , Tomus Prior, Libri I-III = CSEL, 85/1, ed. Michaela Zelzer, Vindobonae, 1974; Id, Tomus Posterior, Libri IV-VI = CSEL, 85/2, ed. Michaela Zelzer, Wien, 2004.

神への愛を次第に深めていくことによって，性欲は「罪としては不問に付される（ut peccatum non imputetur）。」キリスト者の夫婦にも，いまだ「ある種の悪質な情緒（affectio quaedam malae qualitatis）」として性欲があるが，それは，「行為においては残るものの，罪責としては消失してしまう（manet actu, praetereat reatu)。」つまり，キリスト者の夫婦にとって性欲はもはや罪責を伴わず，しかも彼らはこの受け継いだ悪を，子孫を儲けるという目的のために善用しているという。アウグスティヌスは，首尾一貫して，アダムの堕罪による人間本性の壊廃・欠損の結果，人間は悪としての性欲を罰として有することになったと繰り返し主張する。アウグスティヌスは，この性欲という悪は，それが子孫を儲けるという目的のために善用されない限り悪であるという。したがって，アウグスティヌスは，キリストの人性は我々人間や聖人に性欲が備わっているのとは異なり，マリアが聖霊によって身ごもることにより生まれたキリストには，霊に抗って作用する性欲は一切存在しなかったと主張する。

B. ユリアヌスによる原罪論批判

創世記3章16節のイヴに対する神の言葉，「あなたの産みの苦しみを大いに増す」を，アウグスティヌスは原罪の起源と見なしたが，ユリアヌスはこれを，まさに文字通りの意味に他ならないと解釈する。すなわち，陣痛は他の動物同様に人類の女性が出産の際に当然経験する子宮収縮に付随する自然現象である。しかし，神との約束を破ったイヴ自身の陣痛は，罰としてより大きなものになったと理解する。ユリアヌスによれば，イヴの経験する陣痛が彼女の罪の結果として大きなものとされたのであって，イヴの犯した罪により，人類の女性が罰としての陣痛を経験するようになったのではないと理解する。

ユリアヌスは，人間の自然状態を罪であり人祖の犯した罪への罰と見なしたところにアウグスティヌスの誤りがあるとし，「自然の罪は存在しない」と断言する。ユリアヌスによれば，性欲は決して罪の結果や罪責に対する罰などではなく，それらはアダムとイヴが楽園で創造された当初からの自然に属するものであった。むしろ性欲に纏わる罪は，性欲が本人の意志の働きにより過剰な刺激をもって必要以上に駆り立てられ，そこに本人自身の意志によって人を傷つける行為がなされる場合である。ユリアヌスは，自然の所与としての性欲と意志に基づく行動とを明確に区別していた。ユリアヌスにとって，アダムとイヴが楽園で経験した死とは，肉体的死で

はなく，神との霊的繋がりが失われるという霊的死に他ならなかった。ユリアヌスは，「自然は罪とは関わりがなく」，「性欲は決して悪などではあり得ず」，「単なる一人の人（アダム）の功績が，万物の有り様を変えてしまうことはあり得ない」との反論を繰り返したのである。

　ユリアヌスの理解では，アウグスティヌスの言う原罪は存在せず，あくまでも自由意志によって犯される罪こそが罪と呼ばれるに値する。従って，キリストは性欲を持たなかったとのアウグスティヌスの主張にユリアヌスは真っ向から反対し，アダムもキリストも，我々と全く変わらない性欲を持っていたこと，そうでなければ，キリストは，性欲を駆り立てて罪へと誘惑する悪魔的な力に抗い，それを退ける意志の究極の模範とはなり得なかったではないかと反論する。幼児洗礼の意味を原罪を取り除くためではなく，キリスト者共同体に加えられるための聖化と捉える点で，ユリアヌスとアンティオキア伝承との共通性が指摘されてきたが，キリストの人性を強調する点でも，ユリアヌスのキリスト論はアンティオキア伝承のそれに酷似していると言える。

　一方，アウグスティヌスは，キリストに悪が存在したはずがないとの理解から，キリストは性欲を持たず，性欲とも淫らな想念とも一切無縁であったと繰り返す。ユリアヌスは，アウグスティヌスのこのキリスト理解は，アポリナリウス派のドケティズム同様，キリストの人性が感覚を有さず，苦痛も苦難も感じなかったというに等しいと批判する。キリストが性欲を持たなかったならば，キリストは罪を避けるよう勧告することもできず，我に従えとの導きによりキリストの模範に従って愛の掟の内に生きようと促されることも無意味になってしまうとユリアヌスは反論する。ユリアヌスは，キリストは，我々と全く同様に生殖器を有し，性欲も有していたが，それら自然の所与を，過剰な刺激によって暴走することがないよう完璧に統御することで真の人たり得たということを強調する。これに対しアウグスティヌスは，キリストにも生殖器はあったが性欲はなかったこと，それが霊に反して淫らな思いで性欲により勃起することはなかったと主張し，ついにはユリアヌスを「性欲の愛好者」，「汝の恥ずべき部分を覆い隠すがよい」などと罵倒するに至る。ユリアヌスも応戦し，キリストは生殖器を有しながらも性欲はなかったと主張するのなら，キリストは夢精を経験しなかったのか，もしくはキリストを宦官にしてしまおうというのか，と反論する。お互いに全く歩み寄る余地のないまま，性欲や自然本性を巡る論争において，アウグスティヌスとユリアヌスは最後まで平行線を辿るのみ

であった.

III. 結論に代えて——アウグスティヌスによる原罪論の課題

最後に，ペラギウス派の神人学と彼らによる原罪論批判の主張や，原罪論の教理確立の経緯から，次のような課題を指摘したい．

A. アウグスティヌスが，その独自の原罪論により人間本性の罪深さを浮き彫りにしたことは独自の功績であったことは認められるが，アウグスティヌスが，性欲をも人祖アダムの犯した罪の結果でありその罪責への罰であったと見なし，それを統御できず善用もなされなければ性欲は悪であると捉えたこと，換言すれば「善の欠如」としての悪理解を性欲にも適用させたことには大いに無理があったと言わざるを得ない．

B. 善すなわち癒しの恩恵が欠如した自然本性は，それ自体では無力であるとのアウグスティヌスの本性理解は，癒しの恵みを制度的に媒介する多数派型教会の存在を不可欠のものとしたが，その点で異教排斥と幼児洗礼の義務化を迫られていたローマ教会の利害にまさに叶うものであった．他方，自然本性の恵みに加えてキリストの模範が与えられ，模倣論の動的参与関係による自発的決断の内に神の恵みが働いているとのペラギウス派の主張は，初代教会以来の自発的信仰者集団としての教会像に繋がるものであった．

C. アウグスティヌスが，新プラトン主義の悪理解の思考に影響を受けつつ独自の原罪論を展開させたのに対し，ペラギウス派は，ストア的模倣論に基づいて悪魔の誘惑とアダムの範例による，悪魔的力に起因する構造悪としての社会的不正義を問題にした．思考パラダイムの相違のみならずキリスト論解釈においても，アウグスティヌスとペラギウス派との論争は，アレキサンドリア伝承とアンティオキア伝承との対立衝突に他ならなかった．

D. アレキサンドリアとコンスタンティノープルの間には，キリスト論を巡るキュリロスとネストリウスの対立が存在した．キュリロスはネストリウス派排斥のためにローマ側の協力を取り付けようとし，他方，ローマ側は，アフリカ司教団からの圧力や異端諸派による西方教会の分裂を避けな

ければならないとの切迫した状況に見舞われていた。原罪論の教理化とペラギウス派の排斥には，東西の教会間，さらにアフリカ管区とローマ管区との思考・風土の違い，両者を跨ぐ教会政治的駆け引きという諸要因が絡んでいた。

E. アウグスティヌスは，西方教会最大の神学者であったのみならず，当代きっての修辞学者であった。「異端」との論争において，アウグスティヌスが修辞学の論法を駆使して自らを正当化すると同時に，論敵の「異端性」を修辞的技法により強調しようとしていた点がさらに解明される必要がある。すなわち，アウグスティヌスのより真実な姿を解明するためにも，その「非神話化」のための研究が一層求められており，それはアウグスティヌスの権威による束縛から比較的自由な，日本の研究者によってこそなされるべきである。

以　上

● 書　評 ●

Enrico Cattaneo S. J.
Il Commento a Isaia di Basilio di Cesarea:
Attribuzione e studio teologico-letterario
Studia Ephemeridis Augustinianum 139
Roma: Institutum Patristicum Augustinianum, 2014, pp. 602,
ISBN: 978-88-7961-137-4, B/5, €65.00

秋　山　　学

　本書は，イタリアのイエズス会士，エンリコ・カッタネオ師（1943-　）による最新の大著である．師はナポリの教皇庁立南部イタリア神学大学（聖ルイジ部門）の名誉教授であり，現在はローマの教皇庁立東方研究学院において，引き続き教父神学を講じておられる．私見によれば，師は聖書学から教父学，典礼学，神学のすべてにわたって活躍を続ける，現在最もオールマイティな研究者の一人である．まず師の略歴から紹介したい．

　カッタネオ師は1962年，ミラノのイエズス会レオ13世高等学校において卒業資格を取得，次いで1964年から1967年にかけて，同市郊外ガッララテの同会アロイジオ哲学院で哲学を修め，「アリストテレスの『形而上学』ラムダ巻について」という題目で哲学課程を修了しておられる．これに続き1967年から71年にかけてはパドヴァ大学の古典学部で学び，「テルトゥリアヌスにおける神認識と啓示：ニケア公会議以前におけるルカ福音書10, 21-22をめぐる釈義」という論文で課程修了し，次いで1971年から74年にかけて，上述のナポリ・南伊神学大学にて神学の修了資格を取得しておられる．1974年から76年にかけては，パリのカトリック神学院に学んで聖書神学・組織神学修士号を取得（「H. U. フォン・バルタザールの解釈におけるニュッサのグレゴリオスのアポカタスタシス論」），1976年から79年にかけては，同神学院・ソルボンヌ大学に学び，第3期博士号を取得された（『ラオディケアのアポリナリスの著作としての，偽クリュソスト

モス作の三つの説教：原作者の推定と神学的研究』；1981 年に Beauchesne 社より公刊）。以降現在に至るまで，「神学雑誌」（*Rassegna in Teologia*），および「カトリック文化」（*Civiltà Cattolica*）誌に健筆を揮っておられる。

　120 点余りに上るカッタネオ師の論文・著作目録は，師の 70 歳を記念する論文集『福音・伝承・真理』（2013 年に Agnès Bastit-Kalinowska, Anna Carfora 両氏の共編により Il Pozzo di Giacobbe 社より刊行）の 331-341 頁に挙がっている。注目されるべき師の事績としては，まず Paoline 社より 1997 年に刊行された，800 頁を超える『古代教会の聖務』がある。この書は 2017 年に Cerf 社より仏語版が出版され，同年 11 月 20 日にはパリで師を交えての書評会が行われた。そのほか Edizioni Liturgiche 社より第 1 版が 1978 年に，第 2 版が 1983 年に出版された 650 頁を超える大著『西方におけるキリスト教儀礼：史的注解』も名著であり，2016 年に第 2 次の再版が行われている。このほか師は，イエズス会士 B. ロナーガン（1904-1984）の著作の伊訳にも携わっておられる。

　このようにカッタネオ師は，幼少期よりイエズス会生え抜きの神学者として育まれたスーパー・エリートのお一人であるが，評者は 2009 年の夏，ポーランドのクラクフで開催された第 10 回国際オリゲネス学会において初めて師と出会った。大会終了後，空港で少しく言葉を交わしただけなのであるが，その後評者がイタリア語論文のチェックをお願いすれば，必ず速やかに快く応じて下さるおおらかな方である。なおクラクフ大会での師の発表は「エルサレムに攻め上る二人の王の同盟（イザヤ 7：1-9）：オリゲネス的一節」と題され，*Origeniana Decima: Origen as Writer*（Peeters, 2011）の 437-444 頁に掲載されている。この論考は，本書の第 27 節に「実質的にそのまま」（303 頁）収められており，したがって 2009 年の時点ですでに，師が本書の執筆に向けて準備を整えておられたことがわかる（ちなみにこの論文は，先に引いた師の著作目録からは漏れている）。

　このほか師には，同僚の方々との無数とも言える共著がある。評者の手許にあるものから，師による新しい事績だけを引くことにすると，Carlo Colonna 師との共著になる『キリスト教徒の心における詩篇：神を讃美するための新たな方法とともに』（Sapienza e Vita, 2015）に載る「『詩篇』の司祭的読み方」が挙げられよう。これは『詩篇』のうち 43：4, 16：2, 84：2, 119：97, 70：2, 96：1, 137：4 を扱うものである。こうして師は，われわれが教父学の個別的問題に取

り組む際，参照すべき種々の専門的論考，すなわち教義神学，聖書解釈，教会法，典礼，霊性，本文批判，古代史等々，実に多彩な分野の論文を発表しておられる。師の事績は，その柔軟で精緻な思考，および師が与った教育の豊饒さを遺憾なく証しするだけでなく，後進の教父学徒にとって最良の導きの星となっている。

　そのような師が10年来の歳月をかけて完成させたのが本書である。本書でその真正性が論じられている（伝）バシレイオス（330-379）作『イザヤ書注解』は，『イザヤ書』第1章～第16章の注解であり，エウセビオス（263-339）からの影響が指摘されてきた。一時代前の教父学概説書では，内容および文体上の不完全性を理由に，この著作における著者バシレイオスの真正性が疑問視されている。しかしJ. Witting（1922）の研究以降，最近ではN. A. Lipatov（1993, 2001）の研究に至るまで，真正説も唱えられてきた。

　本書は，あわせて45節より成る本論部分に「総結」を加えた計46節で構成され，全体で計6部の構成となっている。まず第1部「導入的諸問題」（1-6節）は，「教父たちにおける預言者イザヤ」「『イザヤ書注解』をめぐる最古の証言」「写本伝承」「版本と翻訳」「『イザヤ書注解』の真正性をめぐる現代の議論」「第1部小結」の各節を収める。この第1部では，この『注解』の著者問題に関して「支持」（pro）と「反対」（contro）の両面が併在し，いずれも決定的とは言えないという現在の研究状況が明らかにされる。まず「支持」の面としては，手写本伝承，古代著作家たちの証言などが挙げられうるが，一方「反対」の面としては，文体の不統一，繰り返し，バシレイオスのような洗練された教養人には相応しくない論証，といった点が挙げられる。しかしバシレイオスのものでないと仮定すれば，文面からして明らかにバシレイオス的な章節が，なぜこれほど頻繁に現れるのかを説明することは不可能である。第2部「文学的依存関係の検証」（7-9節）は，このpro/contro問題をいったん措いて始められ，「文学上の依存関係：1)「酩酊」」「同：2)「断食」」「第2部小結」の順に進められる。もし本著作の著者とバシレイオスの間に影響関係があったと仮定すれば，その向きには2通りがあり，2つの可能性がある。だがこの著作自体に内的な一貫性が認められることから，これらはいずれもありえず，結局この著作の著者とバシレイオスとは同一人物であるという結論のみが残る。

　このような前提を基に，以下では本論部がテーマ別に進められ，本著作の著者をめぐる真偽問題の検証が行われる。第3部は「『イザヤ書注解』における自然

と文化」(10-14 節) と題され,「自然現象と天文学」「植物」「動物」「医学と技術」「定義」を収める。第 4 部は「『イザヤ書注解』における聖書」(15-22 節) と題され,「預言と言葉の賜物：『イザヤ書』の序言」「『イザヤ書注解』における聖書釈義の基準と実践」「イスラエルと歴史：聖書の歴史的意味」「ユダヤの律法と霊的意味」「聖書に見られる名の語源」「『注解』で用いられる『イザヤ書』本文，および他の翻訳者たちへの参照」「ヤコブとイスラエル」「モーセとエリヤ」に分かたれる。第 5 部は「個々の聖書本文に関して」(23-32 節) と題され,「わたしは飽いた」(イザヤ 1：11：以下, 同書の章節番号)」「「7 人の女」と「1 人の男」」(4：1)「ぶどう畑のたとえ」(5：1-7)「イザヤの召命と派遣」(6：1 以下)「エルサレムに攻め上る 2 人の王の同盟」(7：1-2)「出て行くがよい」(7：3)「見よ，わたしと，主がわたしに委ねた子らは」(8：18)「短くされた言葉」(10：22-23)「悪意ある思いと行為」「オリゲネス的"余談"の例」が載る。そして第 6 部は「神学的・倫理的諸テーマ」(33-45 節) と題され,「美をめぐる観想」「神—キリスト—霊」「幸いなるおとめマリア」「天使と悪霊」「教会」「教会の聖職者たち」「倫理」「飲酒の罪」「主に嘉せられる断食」「神的教育」「昼・夜の象徴」「火」「最後の審判」が収められている。「総結」部において著者は, 本著作をバシレイオス作とした場合,『エウノミオス駁論』との密接な関係から,『駁論』を執筆していた 364 年頃,『注解』はすでに書き終えられていたと想定し,『注解』の成立年代は，バシレイオスの司教叙階 (362) より少し後, アンネシへの第 3 次隠遁の頃と結論づける (514-515 頁)。

著者の文献学的ならびに神学的な実証を通じて, この著作がバシレイオス自身の手になるという可能性は一段と説得力を増したと言えよう。本書の白眉は, 第 4, 第 5, 第 6 部に見られるような, 聖書テキストを本文伝承と教父神学・諸背景に照らしつつ, 真偽問題に立ち向かう著者の方法の確かさ・視座の広やかさであろう。現代を代表する教父学者の最新著である本書を, 神学諸分野を自由に縦横断する圧倒的な労作として高く評価したい。

Augustine, *Confessions* I, Books 1-8,
edited and translated by Carolyn J. B. Hammond,
Loeb Classical Library 26,
Cambridge, Massachusetts; London: Harvard University Press,
2014, pp. lxvi + 414, ISBN: 978-0-674-99685-4, B/6, $26.00

Augustine, *Confessions* II, Books 9-13,
edited and translated by Carolyn J. B. Hammond,
Loeb Classical Library 27,
Cambridge, Massachusetts; London: Harvard University Press,
2016, pp. xlii + 446, ISBN: 978-0-674-9993-9, B/6, $26.00

松　﨑　一　平

原典との対訳を特徴とする，英語圏の代表的な古典文庫 Loeb Classical Library（以下 LCL）の，アウグスティヌス『告白』全2巻が102年ぶりに改版された。Knöll のテキスト（Teubner, 1909 年）と，それより 200 年以上まえの W. Watts に遡る英訳（1631 年）とからなる旧版（1912 年）は，テキストと訳がときに一致しないが，Hammond による新版は，O'Donnell, *Augustine: Confessions*, 3 vols.（1992 年）所収のテキストとそれにもとづく新たな訳とからなり，のちに見るように，そのことが訳を特徴あるものとしている。LCL26 の Preface によると Hammond は，Cambridge の Gonville and Caius College で dean の職にある古典学者とのこと，1996 年に Oxford World's Classics に Caesar, *The Gallic War* を上梓している。従って，訳にも注にも古典文学にもとづく豊かな学識が感じられ（*e.g.* 26, pp. 150-151, n. 29），多くの点で示唆に富む。LCL では，たいてい Introduction は短く，複数巻からなる著作では最初の巻にのみ付されるが（旧版は Introduction を欠き 26 にだけ 2 頁の Preface），新版ではいずれの巻にも，Preface（3 頁と 2 頁）とともに 30 頁近くの Introduction が

付されている。27 の Preface によると，26 刊行後 2014 年の終わりに攻撃的な肺癌と診断されて辛い治療を強いられ，急遽書いておくことにしたという。

まず，翻訳について。26 の Preface で，翻訳上の方針について，(1)ラテン語を知らない読者には原文の音と文の組み立てとの感覚を与えることと，(2)いくらかラテン語を知る読者には原文の構造と修辞的な表現とを理解するのに十分な援助を与えることとの 2 点だと述べられる（26 の Introduction の 7 に簡明に再述）。『告白』第 10 巻第 27 章第 38 節や第 13 巻第 38 章第 53 節で原文も訳文も，散文表記（scriptio continua）によらず，詩行のように句や節や文単位で詩のごとく行を構成して（per cola et commata），文のもつリズムや頭韻や脚韻を可視化し，原文に織り込まれた音楽的な修辞を明示している点は，(1)の方針のひとつの現れだろう（むろん(2)にもかかわる）。たほうで Hammond は，語順や文中の句の位置などを，可能なかぎり（ときには文法的にやや無理をしても）原文と揃えようと努めているように思われる。このことは，ラテン語を知らない読者には，読みづらさの原因になりかねない。だが，すぐれた英訳も多いのにあえて LCL で『告白』を読むほどのひとなら，なにがしかラテン語の知識をもち，訳と原文を照合しながら読み進めるに違いない。ならば Hammond が(2)の方針に力点を置くのは当然のこと。ようするに対訳とは，原文と訳文とが相補的に読者の読解を深めうる，古典を理解するためのすぐれた仕掛けだということだ。くわえて，原文の下部に付されているテキストの重要な異同の情報，訳の右脇に小さく付されている，必要なものに絞り込まれた参照箇所は，精密な読解を助けるだろう。テキストを深く読むように促す脚注も多い。

ところで，Verheijen による校訂本（1981 年，再版 1990 年）と O'Donnell の注釈以後，程度はさまざまだが両者をなんらか参考にして，各言語で相当数の『告白』の新訳が試みられた。とりわけ英語圏で活発で，Chadwick (Saint Augustine, *Confessions*, translated with an introduction and notes by Henry Chadwick, 1991, Oxford UP), Boulding (*The Confessions*, The Works of Saint Augustine, a Translation for the 21st Century I/1, introduction, translation and notes, Maria Boulding, 1997, New City Press), Burton (Augustine, *The Confessions*, translated and edited by Philip Burton with an introduction by Robin Lane Fox, 2001, Everyman's Library) などが現れた。最近，Conybeare は *The Routledge Guidebook to Augustine's* Confessions（2016 年）（思うに，こ

の書も書評の対象とされるべき重要な著作）の Preface で, Boulding の英訳を用いる理由を, 主観的な選択だと最終的にはいうものの, 自身と同じように『告白』を読むからといい, さらに, 第 12 巻第 24 章第 33 節と第 8 巻第 5 章第 10 節とから例をとり, うえの 3 つや LCL26（LCL27 は未刊行だった）などの訳の特徴を比べて長所短所を手際よく指摘し, Boulding 訳について, 訳語の選択が的確なこと, 文章が滑らかで自然なこと, 随所で原文に応じる音楽性をもつことなどを指摘する。Hammond 訳への目立った言及はないが, Conybeare が, とりあげたもののうちそれが唯一の対訳である点に配慮しないのは, 対訳の役割を見逃すもの。上述のように, Hammond の方針は Conybeare が Boulding を選択する理由とほぼ重なるも, 対訳であることを活かして, むしろそれを徹底しており, 具体例はあげないが, この 2 年余り『告白』ゼミで使用してみて, おおむね成功していると評者には思われる。

つぎに Introduction について。26 は, 1. Genre, 2. Structure and Composition, 3. Augustine's Background and Early Life, 4. Theories of Meaning, 5. Language and Rhetoric, 6. Augustine's Bible, 7. This Translation, 8. History and Constitution of the Text の 8 章から, 27 は, 1. Audience, 2. Monnica, 3. Mysticism, Memory, and Mind, 4. Exegesis, 5. Time and History, 6. Conclusion の 6 章からなる。いずれも研究史を踏まえつつ, はっとさせられる指摘が随所にあり, 有益でバランスのいいものとなっている。周知のように B6 版大とコンパクトな大きさにもかかわらず, 26 には, Abbreviations, 必要不可欠なものに絞り込まれた References と General Bibliography が付され, さらにアウグスティヌスの年譜と, 同時代のキリスト教とローマ帝国について重要事項に絞り込んだ年表とが対照されている。27 には, 26 の Abbreviations と Bibliography の補遺が, さらに人名と地名の Index と主要な語・事項の Index が付されている。これらは, LCL 特有の持ち運びやすさ・堅牢さと相まって, 一般の読者にも研究者にもまことにありがたい。ただし, いちいちあげないが, 誤植や参照箇所の誤記が散見するのは残念だ。以下, 評者にとって興味深く思われる章を選び, 手短に内容を紹介する。

まず 26。1 で Hammond は, 冒頭にマルクス・アウレリウス『自省録』第 8 巻第 11 章を引用し, そこに列挙されている普遍的な問いを念頭において考察していく。『告白』は, アウグスティヌスによる祈りとしての神との対話でありな

がら，聴衆・読者を強く意識した，修辞に富む，説得をめざす弁舌であり，アリストテレス『詩学』(1452, 1454)のいう anagnorisis の熟練の成果だとする。Hammond は考察を進め，最後的に，『告白』は，諸点で古典にもとづきながらも前例のない書物であって，主への呼びかけを含む親しみ深い文学形式から，神の諸属性や神に近づく方法の探究に移行する構成に，同時代の読者たちは新しい文学形式に出くわしたように感じただろうという。それは，単なる自伝でも祈りでも回想でも教訓でもなく，一個人のおこないに強烈に焦点をあてることからの，創造における神の諸活動をめざす新たな方向づけへの理詰めの前進である。そしてこれの窮極目標は，『告白』の冒頭から顕わであり，人間による神の探究が神自身によって起動され望まれているということだ。2で，『告白』が，古典文学に類例がない13巻という数からなることは，アウグスティヌスが古典文学に批判的になりそれから離れようとしたことの現れだという。賛成だ。また，自伝的な始めの10巻と創世記解釈の終わりの3巻という構成は，第11巻の始めに冒頭の神への呼びかけを反復することから意図的で，有意義だとする。3では，『告白』のテーマはアウグスティヌス自身ではないし，名前があげられる16人がみな，アウグスティヌスの回心になんらか寄与したひとたちに限られているという。さらに，彼の受けた教育について説明される。4では，マニ教と新プラトン主義を中心に，『告白』の記述にかかわる諸思想とアウグスティヌスの思想的遍歴とが手際よく説明され，最終的にキリスト教が，学として聖書にもとづき，生として聖餐の秘蹟を核にもつことが，さらには三位一体論と受肉論が説明されているとする。5-8は，原典の読解をも視野に入れた，研究史を十分に咀嚼した要を得たすぐれた解説。

　重篤な病を得たことで急遽書くことにしたという 27 の Introduction は，時間に恵まれれば豊かな実を結ぶことを確信させる魅力的な未完のトルソというべきもの。その始めに Hammond は，わたしたちが近代的文学形式に影響されて，『告白』を，神学的な内容よりも自伝的なそれにおいて評価しがちだと指摘し，その陥穽を克服せんとする。1で，アウグスティヌスは，自分が教え，のちに批判するにいたった修辞学を，放棄するのではなく，却って人々のために用いることを決断したという（『告白』はその成果）。2では，Monnica の語られ方とオスティアに残された有名な墓碑銘とについて説明したうえで，アウグスティヌスは，そのときの信念にもとづいて，各方面にたよりがいのある mentor（オデュッセ

ウスの友人でその息子テレマコスの師傅 Mentor に由来）を求める性向をもつと指摘する（*e.g.* Hierius, Faustus, Ambrosius, Simplicianus, *etc.*）。Hammond によれば，Monnica も mentor のひとりで，一般に物語のなかでは mentor が健在のあいだ主人公が成熟にいたりえないように，第9巻でその死を回想したのちに，権威あるキリスト教徒としてのアウグスティヌスの声が聞こえるようになるという。古典学者らしい興味深い指摘だ。3では，『告白』で語られる見神体験（uisio dei）について考察される。「わたしについて書かれた」（*Ret.*, 2.6.1）第1巻-第9巻のうち，第7巻と第10巻は自伝的性格に乏しく，いわゆるミラノの uisio が回想される前者は，アウグスティヌスに特有の，こころとも自己ともいうべき記憶（そこの最奥でそこを越えたところに神は見いだされる）が省察される後者の準備という性格をもつ。オスティアの見神がモニカと共有されたことは，それが知を必要としないものだったことを示唆する（聴衆は uisio を身近に感じるだろう）。彼は，記憶を手がかりに神を探究するさいにも，上述のように詩的・音楽的表現（per cola et commata）を用いるため，lyrical な印象が生まれる。このように，Hammond によれば，アウグスティヌスは，神学的な内容（第11巻-第13巻）に読者を飽きさせずいやがらせずに誘おうと，青年時代からつかいなれた修辞学をいわば宣教のために駆使している。第1巻-第9巻のいわゆる自伝的部分は，ルクレティウスが明かしている（*De rerum natura*, 4.11-16），こどもに苦い薬草を飲みやすくするために，まずは甘い蜂蜜を味あわせる詩人の企てに類するものという。慧眼だ。4では，聖書解釈，とくに比喩的なそれ（*Gal.*, 4.24）の歴史を簡潔に振り返りながら，「聖書について」（*Ret.*, 2.6.1）書いた第11巻-第13巻の創世記解釈について考察する。まず Hammond は，自伝的部分で聖書への言及や暗示が個人のありかたに適応されている点に注目する。第12巻-第13巻の普遍的・規範的な聖書解釈は，第1巻-第10巻の身体的人間的な聖書の適用と関係づけて理解されるべきであって，こうして個人の体験の物語は，人間存在の普遍的宇宙的意味と連関する。5では，第11巻のいわゆる時間論を念頭に，アウグスティヌスの時間把握が録音録画を再生できる現代のそれとは大きく異なることに留意しなければならないと指摘したうえで，アウグスティヌスは修史によりも，むしろ時の直線的前進がいかに神の摂理の働きを表現するかに関心をもったという。6では，『告白』のみならずアウグスティヌスの著作の全体を覆うテーマは，愛の特徴的な強調と，正しいおこないの鍵たる動機の分析だとい

う（cf. *In* Ioh. Epist. ad Parthos *tract.*, 7.8)。アウグスティヌスにとって，適切な愛と適切な動機こそが，神との善い関係を見いだすために不可欠だからだ（これは，上述の 26 の Introduction の 3 とあわせて理解されるべきこと)。さらに，『告白』の頂点にしてそれを越える第 3 のテーマが，三位一体だという。そう指摘するとき Hammond は，三位一体が見え始めたと宣言する第 13 巻第 5 章第 6 節に注目し，かつ終結部（第 13 巻第 38 章第 53 節）の Et hoc intellegere quis hominum dabit homini? 以下が，3 行 1 組が 3 組重ねられる点（per cola et commata）を踏まえる。

　かつて G. Clark は，歴史家として『告白』を論じた（*Augustine: The Confessions,* 1994, Cambridge UP，2005 年に Bristol Phoenix Press より改訂版，『中世思想研究』XXXVII, 1995 年に松﨑による書評)。Hammond の 2 つの Introduction は，Conybeare の前掲書とともに古典文学研究者らしい知見にもとづき，思うに，遠く Gibb と Montgomery の注釈（1908 年，再版 1927 年）の系譜につながるもの。未完のトルソがめざしている完成の姿は，カトリック・キリスト教に回心したかつての修辞学教師が，神と人間のあるべき関わり方を自己の体験を手がかりに省察し，読者をそこにいざなうべく，修辞学の技術と古典文学の伝統を縦横に利用し音楽的な魅力をも巧みに配しながら，救済史的視野をもって説明しようとした類のない著作として，一体的に『告白』全 13 巻を説明することだろう。伝統的に哲学や宗教の研究者が『告白』を研究してきた我が国においてこそ，2 つの Introduction はこれから大いに咀嚼されるべきだろう，たとえ批判的にであれ。重ねていうが，Hammond の意図するとおり，原文をこの対訳で熟読することは，古典としての『告白』の魅力を深く知るためのとても良い機会となるに違いない。

John Arblaster and Rob Faesen (eds.),
Mystical Anthropology: Authors from the Low Countries,
(Contemporary Theological Explorations in Christian Mysticism),
London: Routledge, 2017, pp. xi+191, ISBN: 978-1-472-43803-4, A/4, £115.00

───────────

阿　部　善　彦

　フランドル神秘思想は，われわれが見聞きする哲学史の記述においても一定の存在感を示してきたとも言える。例えば，リュースブルク（1293-1381）。その影響を受けたヘルト・フローテ（1340-1384）。彼が指導した共同生活兄弟団と，その後継者フロレンティウス・ラーデウェインス（1350-1400）が設立したウィンデスヘイム系アウグスティヌス律修参事会修道院。これらが「新しい敬虔」（Devotio Moderna）というキーワードとともに言及される。それはまた，エラスムスが共同生活兄弟団の運営する学校で人文主義的教育を受けたことや，『イミタチオ・クリスティ』の著者とされるトマス・ア・ケンピスが，ウィンデスヘイム系修道院の修道士であったことなどのエピソードにも関連付けられる。

　とはいえ，フランドル神秘思想や「新しい敬虔」は，中世と近世ルネサンス・宗教改革の過渡期において，人文主義と敬虔主義を準備した宗教・思想的運動にすぎないのか。中世後期から近世への「つなぎ」として哲学史の中で役割を果たせば十分なのか。やはり，それだけではものたりない。

　日本語文献に限っても，J・ルクレール／F・ヴァンダンブルーク『キリスト教神秘思想史2　中世の霊性』（上智大学中世思想研究所翻訳・監修，平凡社，1997年）や國府田武『ベギン運動とブラバントの霊性』（創文社，2002年）の中に，フランドル神秘思想それ自体の成立起源と展開について優れた記述がある。しかし，本書もまた，中世と近世の「つなぎ」に限定された哲学史の記述に満足しない本会員に推奨したい一冊である。

　本書はいわゆるフランドル神秘思想における神秘思想的人間論に関する論文集である。といっても，厳密には「フランドル」の神秘思想ではない。本書では

「低地諸国」(the Low Countries) としている。通常「フランドル神秘思想」と呼ばれてきたものは、実際には歴史的・地理的な「フランドル」に限定されないし、近代国民国家成立以降のベルギー、オランダ、フランス、ドイツ、ルクセンブルクなどの線引きにも収まらない。むしろ、かつてのブルゴーニュ公国やスペインと一体化したハプスブルグ家の統治を念頭に置かねばならないことを、われわれはしばしば忘却したままである。

　大まかに言っても、中世ドイツ語、フランス語、オランダ語の入り混じる地域であるが、本書は、中世オランダ語（Middle Dutch）で書かれたテキストを取り上げるという括り方をしている。そのため中世フランス語で書かれた『単純な魂の鏡』の著者マルグレート・ポレートは本書では取り上げられないが、同じ編者の A Companion to John of Ruusbroec (eds. by John Arblaster/Rob Faesen, Brill, 2014) の連名の第一章 Mysticism in the Low Countries before Ruusbroec では、ナザレトのベアトレイスやハーデウィヒら中世オランダ語の著作家と並べて言及されている（ポレートと同じエノー地方出身のワニーのマリーも言及されている）。

　「低地諸国」の神秘思想は中世後期に、突然、リュースブルクから始まるのではない。Paul Verdeyen S. J. が執筆する本書第一章 William of Saint-Thierry and His Trinitarian Mysticism が示しているように、12 世紀サン・ティエーリのギョームに遡る。リエージュ出身のギョームがハーデウィヒやリュースブルクに影響を及ぼしていることは 1920 年代の Josef Van Mierlo S. J. (1878-1958) や 1970 年代の Verdeyen の研究で指摘されている（國府田・前掲書もそれを踏まえてギョームから書き起こしている）。

　Corpus Christianorum のギョームの著作集の編者でもある Verdeyen は、フランドル神秘思想の源流が、ギョームを介して東方教父思想にまで遡ることを示す。ギョームはクレルヴォーのベルナルドゥスとともに雅歌研究を行い、オリゲネスを熱心に読み、そこから、婚姻神秘思想や魂における神の誕生の教説を受容した。またギョームの愛の理解には、ニュッサのグレゴリオスのエペクタシスに匹敵するような、知性認識と自己否定の絶えざる進展のダイナミズムがあることも指摘される。

　その後、ハーデウィヒ及び中世神秘思想の Visio についての専門家 Veerle Fraeters による第二章 The Mystic's Sensorium: Modes of Perceiving and

Knowing God in Hadewijch's *Visions*, また編者連名による偽ハーデウィヒについての第三章 "The Wild, Wide Oneness": Aspects of the Soul and Its Relationship with God in Pseudo-Hadewijch が続く。前者は、ハーデウィヒの『幻視』における神と一致の「感覚」の「語り」のテキスト分析であるが、身体を離れる脱魂的（ecstatic）幻視が語られる「幻視八」の直前の「幻視七」では、脱魂的幻視ではなく、肉体にとどまったままの肉感的幻視が身体的言語によって語られ、そこでは、人間が神的領域に引き上げられるのではなく、むしろ、神が人間的領域のうちに降下して自らを表しているという指摘は、神秘思想における「受肉」の救済的意義を考える上でも興味深い。

第四章から第六章では以下の順でリュースブルクが扱われる。"Poor in Ourselves and Rich in God": Indwelling and Non-identity of Being (*Wesen*) and Suprabeing (*Overwesen*) in John of Ruusbroec (Rob Faesen); Ruusbroec's Notion of the Contemplative Life and his Understanding of the Human Person (Rik Van Nieuwenhove); Retrieving Ruusbroec's Relational Anthropology in Conversation with Jean-Luc Marion (Patrick Cooper)。いずれも優れた研究者の手によるものであり、本書の中心テーマである Mystical Anthropology が現代的文脈を踏まえてより集中的に論じられる所である。

両編者による本書序論、結論に記されている通り、Mystical Anthropology は近代批判の文脈を持っている。確かに神秘思想（Mysticisim）そのものが近代的概念であるが、ここで言う神秘思想は、特にカント以降たんなる幻想と同一視され、不可能とされた直接的な神認識、神経験を、別次元の超常体験・心理現象（及びその言説）として切り分けて回収・再利用するための仕掛け・装置ではない。

神秘思想は、カール・バルトの言う「完全な他者」（Der ganz Andere）やアンセルムスの言う「それよりも偉大なものが考えられないそれ」（id quo maius cogitari nequit）がいかにして人間と一致・合一可能かという根本問題を引き受けている（cf. p. 1）。言ってみれば神秘思想は近代的「自己」（Self）において困難また不可能となり不在化した他者論的問いを、究極的な形で引き受けているのである。であるからこそ、その応答として、個的・自己完結的に孤立した近代的「自己」（Self）ではなく、Mystical Anthropology が、つまり、存在論的に開かれ関係的である「人間人格」（human person）の根本構造が、中世オランダ語の

諸テキストを通じて論究されるのである。本書全体の目指すところは例えば Faesen 論文のタイトル語句 (Indwelling/Non-identity/Being [Wesen] / Suprabeing [Overwesen]) からも十分伝わるだろう。限られた紙幅で言及することは困難であるので本書そのものを是非一読されたい。なお Rik Van Nieuwenhove には *An Introduction to Medieval Theology* (Cambridge University Press, 2012) があるが従来の哲学史的記述では漏れ落ちている神学的問題について丁寧に論じられており，本会員にも推薦したい。

第七章は本会員である菊地智による Jan van Leeuwen's Mystical Anthropology: A Testimony of Lay Mysticism from Medieval Brabant である。フルーネンダール修道院に平信徒として生活した Jan van Leeuwen には多くの著作があり，菊地氏による精力的な研究が継続中である。ここではエックハルトとリュースブルクを介して受容された魂における神の誕生教説や，「新しい敬虔」を特徴づける宗教霊性及び宗教生活の解明にとって不可欠な「共同的生活」(het gemene leven/the common life) の理解が論じられている。

第八章から第十章は The Playing Field of Mysticism: Middle Dutch Anthropological Terminology in the *Spieghel der volcomenheit* by Hendrik Herp o. f. m. (Thom Mertens); The Inner Ascent to God and the Innermost of the Human Person in the *Arnhem Mystical Sermons* (Ineke Cornet); Multilayeredness of the Highest Faculties in the Arnhem Mystical Sermons (Kees Schepers) で，Hendrik Herp (c. 1410-1477) の『完徳の鏡』(*Spieghel der volcomenheit*) と *Arnhem Mystical Sermons* が取り上げられる。

第八章で扱われる『完徳の鏡』はリュースブルク以上に中世オランダ語の神秘思想を体系化したと評価されており，かつ，彼の死後，ラテン語にたびたび翻訳され，特に，16世紀の宗教改革期にカトリック側で読まれ，イタリア語 (1522年)，ポルトガル語 (1533年)，スペイン語 (1543, 1551年) にも訳され，スペイン神秘思想への影響も指摘されている重要文献である。ここでは，その基本思想と神との一致に開かれた人間存在・関係構造が論究される。

第九，十章は，Bernard McGinn がその発見を "perhaps the most exciting recent discovery in the history of medieval and early modern mysticism" (*The Varieties of Vernacular Mysticism 1350-1550,* Crossroad, 2012, p. 164) と評価する *Arnhem Mystical Sermons* についてである。同説教集は，アルンヘムの聖

アグネス女子修道院（1458年以降新しい敬虔運動を受けてアウグスティヌス修道規則による共同生活を実施）の大部の中世オランダ語説教集で，162の説教を収録し，同地（ユトレヒト管区）の典礼暦をもとに配列されている。16世紀に成立したものでリュースブルクのほか偽アウグスティヌスの『霊と魂についての書』なども引用され，エックハルト，タウラーの影響も確認できるほか，同時期のオランダ語著作『福音の真珠』(*Die evangelische peerle,* 1538) や『我らの魂の神殿』(*Vanden tempel onser sielen,* 1543) との思想連関も指摘されている。

　第九章で Ineke Cornet が示しているように，同説教集では，キリストの身体である教会において霊的生命を活かす様々な秘跡・典礼（儀礼・所作を含む）のひとつひとつの意義が再評価され，それらを徹底的に各自の内的生命に一致させ，心身全体を隈なく神の内的住まいとし，神に向かってどこまでも高く上りゆく人間人格（human person）の霊的・心身的構造が中心問題となる。こうした問題関心はタウラー，そして，『完徳の鏡』，『福音の真珠』に特徴的であるとされる。また終章第十章で Kees Schepers が論じているように，同説教集は，同時期のスコラ的な能力論を前提としながら，人間人格の霊的・心身的能力は，神との人格的関わりを通じて，ついに完成・実現に至るとみているのである。

　16世紀は同修道院で神秘思想的テキストが多く収集されたことが分かっており，同時期の宗教改革に対する反応であると推測される。また実際の説教というよりも典礼暦に沿って霊的生活に専心するための黙想書としての性格が強い。また当時，女子修道院内では女性が説教を行う例もあり，そうした説教も含まれている可能性があるほか，ケルンの男子カルトゥジオ会士の説教も含まれる。

　トリエント公会議に隠れてしまっているが，宗教改革期のカトリック改革運動として，Laurentius Surius (1523-1578) をはじめとするケルンのカルトゥジオ会士の手によって，タウラー，リュースブルク，『完徳の鏡』，『福音の真珠』などが盛んに編集・出版された。無名の女性の手による『福音の真珠』はラテン語訳版が出され，アンゲルス・シレジウス (c.1624-1677) はそれをもとにドイツ語訳版を作った。

　アルンヘムとケルンはライン川でつながっており，ドイツ語圏とオランダ語圏が重なり合う地域であるが，ここに男子修道院と女子修道院の間に緊密な交流があり，宗教改革運動と一線を画する霊的刷新運動（Bernard McGinn が "sixteenth-century mystical renaissance" [ibid., p. 175] と呼ぶ）が進行していたこ

とは，2017年に宗教改革500年を記念した数々の研究成果においても見落とされてきた事象であろう。

確かに2017年は宗教改革500年にあたり数々の研究成果が現れた。しかし，本書のように〈ルターの宗教改革からトリエント公会議まで〉という使い古された図式的な時代理解では見落とされてきた，14世紀後半から17世紀以降にまで続くキリスト教思想・霊性史の根底にある「低地諸国」の神秘思想の意義を問い直す研究はなかったように思われる。その点でも本書は広く読まれてよいだろう。

Thomas M. Osborne Jr.
Human Action in Thomas Aquinas, John Duns Scotus & William of Ockham
Washington, D.C., Catholic University of America Press, 2014,
pp. xxv + 250, ISBN: 978-0-813-22178-6, A/5, $59.95

藤　本　　　温

本書は，三人の神学者——トマス，スコトゥス，オッカム——による行為論を比較して，それぞれの行為論の特徴を明らかにしようとするものである。テーマとしては，人間的行為の原因，実践的推論，状況，行為の種別化，無関係な行為等が扱われている。本書評に先行する論評において，この書は三者の比較に際して，トマスを 'default'（T. Williams）ないし 'touchstone'（M. V. Dougherty）としていると評されており，たしかにトマスが本書の中心にいるという傾向はあると思われる。そこで，内容に立ち入る前に，近年のトマスの行為論研究史のなかでの本書の位置を少しだけ描いてみることから始めたい。

全5章のうち，実践的三段論法を扱う第2章を除けば，日本の中世哲学研究者によって取り上げられることの少ない，そして全体としては地味なテーマが扱われていると思われるかもしれない。しかし，トマス研究において行為の記述や種別化の問題は，近年，（本書ではほとんど扱われていない）G. E. M. Anscombe

の『インテンション』や同氏の諸論考から影響を受けて，その種の議論に参加する論者を獲得してきたテーマである。それはやはりトマスが『神学大全』において「行為」に関して体系的で精緻な議論を提示しており，そこに現代的ないし歴史的意味を見出し得ると考える論者が存在するということであろう。直近の20年間の単行本としては Brock, S. L. (*Action and Conduct: Thomas Aquinas and the Theory of Action,* 1998), Pilsner, J. (*The Specification of Human Actions in St Thomas Aquinas,* 2006), Jensen, S. J. (*Good & Evil Actions: A Journey through Saint Thomas Aquinas,* 2010) による特色のある好著が出版され，さらに10年溯るならば Nisters, T (*Akzidentien der Praxis: Thomas von Aquins Lehre von den Umständen menschlichen Handelns,* 1992), McInerny, R. (*Aquinas on Human Action: A Theory of Practice,* 1992), McInerny, R. (*Ethica Thomistica: The Moral Philosophy of Thomas Aquinas,* 1997) 等が挙げられるが，これらは本書においても折りにふれて（主に注において）言及されている。さらにトマスの行為論に関するジャーナル論文を加えるならば，トマスの行為論に関する個別の研究は，着実に行われてきたと言えるだろう。トマスとスコトゥスとオッカムという三人の神学者の行為論を比較して，その共通点の基盤と差異を論じるという，Osborne（現在，University of St. Thomas の教授）による今回の意欲的な書を，こうしたトマス研究の流れの延長線上に位置づけることは可能であろう。つまり，トマスの行為論自体の研究が或る程度蓄積されたところで，その次の段階に研究状況を移行させる書が刊行されたのである。本書は，三人の神学者の思想の比較を通じて西洋中世13-14世紀の行為論の全般的見通しを与えるものであり，その時期の行為論研究の前進に貢献する業績である。

　本書のテーマのいくつかは，アリストテレスの『ニコマコス倫理学』の内容や用語の解釈に出発点をもつものであり，アリストテレス以降の術語の歴史的変遷についても一定の目配りがなされている。各章の個別のテーマに関して，三人の神学者の理論について現代の解釈者の理解が必ずしも一致しているわけではないので，比較に際しては，解釈を一つに固定して，あるいは断定を避けたままで三者を比較せざるを得ないこともあるが，Osborne は二次文献を注で指示して，論争中の論点は分かるように配慮されている。Osborne 自身が単著論文においてより詳しく論じた議論が前提となっている箇所もある。

　次に，全5章の内容を順に概観する。

第1章「行為の原因」：行為の原因は意志なのか知性なのか，あるいは認識されている対象なのか。トマスによると，意志だけが自己の働きの作出因であり，認識されている対象は作出因ではなくて，目的因の秩序において影響力を発揮する。一方，オッカムは，認識されている対象は，自由な人間的行為の作出因であると考えており，スコトゥスもたいていそう述べるが，スコトゥスとオッカムは，自由に関しては，意志がより主要な作出因でなければならないと考える。

第2章「実践理性」：実践的推論の結論は行為なのか判断なのか，モラル・サイエンスと思慮の関係，テクニカルな技と思慮との差異，実践的推論の諸前提の認識等が本章のテーマである。

トマスは実践的推論の「段階」を区別しており，十全に実践的な三段論法の結論は選択の判断であるとする。スコトゥスによると，選択が生じるのは，行為が知性によって意志に提示された後であり，思慮が行為により近いと考えられるのは，単に，行為というものはより少なく普遍的だからである。オッカムによると，モラル・サイエンスと思慮は，なされるべきことについての結論を命じるが，テクニカルな技と経験は，いかにして何かがなされるべきかについての直示的な知識を与えるにすぎない。

スコトゥスとオッカムは，実践的三段論法の正しさと，思弁的三段論法のそれを区別することはなく，実践的三段論法の結論は，単に，何がなされるべきかについての言明にすぎないとする。行為には意志の付加的な働きが常になければならないのである。

第3章「働きの諸段階」：アリストテレスの『ニコマコス倫理学』第3巻(1-4)における(1)意志（願望），(2)思量，(3)選択という3段階を三人の神学者はどのように理解しているのか。トマスはもっとも複雑な説明を与えており，少なくとも8つ，最大で12の段階を考えている。スコトゥスは5ないしそれ以下，オッカムは6段階である。

トマスの12段階というのは古典的な説明であり，近年では，トマスは4段階だけを考えていて，それらはそれぞれ2つの要素をもつことから合計8段階になるとする研究もある。オッカムによる6段階とは，(1)知性による目的の提示，(2)目的について意志すること，(3)思量，(4)判断，(5)選択，(6)実行である。スコトゥスでは(3)と(4)を区別しないため5段階（ないしそれ以下）となり，自由と道徳的責任の場所としての「選択」に焦点を当てるとされる。

少しコメントしておくと，そもそも「働きの段階 stages」とは何か（論述の過程で step とも言い替えられている），それはトマスというよりは，トマス研究上の用語である。歴史的権威のコレクションにすぎないと言われることのあるトマスによる「働き」の議論が，本章ではトマス研究上の「働きの stages」の議論を介して，スコトゥスやオッカムの理論と比較されていることになる。やはり stages という用語の本性をより明確に規定して，トマスの stages に関して Osborne 自身の立場を提示した上で比較を実行する方が，たとえばオッカムの場合，享受と使用の区別は愛の種類の区別であって，意志の働きの stages の間の区別ではないと言われることの意味も，トマスとの差異もより明らかになると思われる。

第4章「行為の評価と種別化」：トマスによると，行為の種は近接の目的からとられ，遠い目的は付帯的なものである。スコトゥスの考えでは，いくらかの行為は，道徳的に関連する目的から離れて意志され得る。オッカムは正しい理をも含むように状況のリストを拡張して，正しい理の考えが有徳な行為の記述に本質的であるとする。オッカムは内的な意志の働きに焦点を当てており，道徳的行為が内的であるのは，それらが他者によって観察されることができない意志の働きであるという意味においてである。観察される行為は，それらが意志の内的働きによって結果的に引き起こされる限りで価値をもつ physical な行為にすぎない。

第5章「無関係な行為，善き行為，功績的な行為」：トマスによると，内的行為と外的行為はともに，行為全体の善さないし悪さに異なる仕方で寄与する。スコトゥスは，外的行為はそれ自身の道徳的価値をもつと言う。オッカムは，外的行為の道徳的価値は内的行為の道徳的価値に由来すると語ることにおいてトマスに部分的に似ているが，外的行為は physical な行為であると主張する。

トマスは，いかなる個々の行為も無関係な・中立的な（indifferent）ものではあり得ないとする。スコトゥスによると，多くの個々の行為は道徳的に無関係であり，オッカムはそうした行為についての伝統的問題に触れることはないけれど，それが存在することを想定して議論することはある。

トマスによると，道徳的に善い行為もそれ自身は，厳密には功績的・功業的ではあり得ない。愛徳不在の行為者による行為は道徳的に善であり得るが，功績に対しては無関係である。スコトゥスの考えでは，愛徳をもつ行為者でさえ，功績に対して無関係な道徳的に善い行為をなし得る。いくらかの行為が道徳的に無関

係（中立的）であるのは，それらが道徳的に価値ある目的に方向づけられていないからである。そして，誰かが功績に対して中立的である善い行為を遂行できるのは，これらの行為が神へと方向づけられることなしに遂行され得るからである。オッカムは，行為は道徳的に中立的であり得るし，功績に対して中立的であり得ると単に想定していると思われる。またオッカムは，通常は罪である行為にさえも神は功績を許し得るだろうという強い主張を行う。

　三者の行為論の「比較」の問題に戻ろう。今，概観した，本書の第1章から第5章の配列は，トマスの『神学大全』第1-2部・第6問題から第21問題における，人間的行為の議論の順におおよそしたがっている。こうした議論の配列の仕方も一つの要因となって，本書はトマスを'default'ないし'touchstone'としているという評がなされたわけである。スコトゥスやオッカムは，状況や選択，意図や命令，無関係の行為等々について，トマスのように体系的に詳しく論じていないため，本書におけるOsborneの論述の仕方は，スコトゥスとオッカムに対してフェアではないと言われるかもしれない。Osborneは，トマスはスコトゥスやオッカムよりも「偉大な人物」，「より深い思想家」，「最も洗練された説明を与えている」と述べており，トマスの倫理的思考に近いところにかれ自身はいることがうかがえる。

　とはいえ，比較に際して何らかの方法を採らざるを得ないことも事実であり，Osborneはこの三人の神学者の行為論の比較に伴うさまざまな問題に無自覚であるわけではない。すなわち，スコトゥスは，道徳心理学について多くを書き残してはおらず，それに関する議論はあまり体系的ではなく，しばしば，特定の問題のコンテクストにおけるものであること。オッカムの論述はさらに少なく，いくらかの問題へのかれの貢献の精確な本性を決定することは困難であり得ること。スコトゥスはトマスを批判する以上に，他の人物を批判することに関心があること，オッカムは第一義的にトマスやスコトゥスに関心があったわけでないこと，近年の研究者はトマスとスコトゥスを，かれらの同時代人の頭上にそびえ立つ人物として考察してきたが，中世の思想家たちは，このパースペクティブをもってはいなかったこと，そしてこの三名の倫理思想についての現代の研究状況の進展具合にもかなりの差異があること，これらをすべてOsborneは認識している。こうした困難を理解した上で三者の比較に乗り出し，スコトゥスによるad hocな議論や，オッカムによる手短な議論をトマスによる体系的説明と比較するので

ある。こうして本書は，表題からは三者の均等な比較が予想されるかもしれないが，実はトマス色をいくらか帯びたものとなっており，トマスの思想の体系性が読者に伝わると同時に，行為論におけるスコトゥスの繊細さや鋭さ，オッカムの新しさが伝わる書となっている。Osborne 自身は，「結論」の章において，「本書が，かれら［三人］の哲学的見解はそれ自体で重要であることを示したことを望む」と言っており，たしかに，三人の神学者それぞれの立場が或る視角から明快に提示されている点でその希望は達成されている。もちろん，三人の行為論を比較するための他の論述の方法もあり得るだろう。

　本書において考えさせられるのは，西洋中世における倫理思想関連の語彙の意味の変遷であろう。たとえば，「外的行為」といっても，オッカムはそれを単に natural act であると考えるとか，スコトゥスにとって「選択」は二義的であるが，オッカムは一義的に使用するというように，同じ語の異なる意味での使用や多義性や変遷について Osborne は注意深い。一方，スコトゥスの使用する affectio という語を inclination と訳して，トマスの場合の意志の natural inclination に言及するときのように（第 1 章），異なる言葉が同じような意味で使用されている場合の比較や論述に関しては，より念入りに検討するときには警戒が必要になるであろう。用語の変遷や分類の問題は，中世のスコラ学者の行為論の場合にかぎらず，比較研究にともなう根本問題であるだけに，本書は比較研究の方法論についても考えさせられる書である。

大森正樹著
『観想の文法と言語——東方キリスト教における神体験の記述と語り』
知泉書館，2017 年，xvi + 507 + 16 頁，
ISBN: 978-4-862-85265-6, A/5, 7,000 円

袴　田　　玲

　本書は，「観想 θεωρία」を中心テーマとして，東方キリスト教思想家——主に『フィロカリア』中に収められた師父たち，ディオニュシオス・アレオパギテー

ス（6世紀頃），グレゴリオス・パラマス（c. 1296-1359）ら——のテクストを分析した哲学的著作である。

著者の大森正樹氏は京都大学医学部卒業後，同大学大学院文学研究科にて故・山田晶氏の薫陶を受けてトマス・アクィナス研究に従事し，その後エックハルトにおける「エッセ」の問題をテーマとした修士論文を執筆中に，V. Lossky, *Théologie négative et connaissance de Dieu chez Maître Eckhart* の中でビザンツ帝国の神学者グレゴリオス・パラマスと初めて出会われたという。南山大学短期大学在職中（後に南山大学教授，現在は同大学名誉教授）の1984-86年にはローマの東方教会研究学院で在外研究を遂行され，T. Spidlík 氏に東方霊性の手ほどきを受けて本格的にパラマス研究，東方キリスト教研究を始められている。1988年には宮本久雄氏，谷隆一郎氏と共に『エイコーン——東方キリスト教研究』を創刊され，同誌創刊メンバーを中心に2001年からは東方キリスト教学会を組織し，会長職を歴任するなど，大森氏が本邦における東方キリスト教研究を牽引されてきたことは周知の通りである。『中世思想原典集成』に収められているパラマスの作品はもとより，ニュッサのグレゴリオス『雅歌講話』，東方キリスト教の伝統の中で修行を積んだ師父たちの詞華集『フィロカリア』，さらにトマス・アクィナス『神学大全』（第17冊第2-2部34-56問題）など多くの翻訳も手掛けられ，日本の読者にとって中世キリスト教の思想世界に触れる契機を提供し続けてこられた功績は大きい（本書評執筆中にも，同氏の翻訳されたパラマスの主著『聖なるヘシュカストたちのための弁護』が知泉学術叢書第2巻として出版された）。2000年には創文社より『エネルゲイアと光の神学——グレゴリオス・パラマス研究——』を上梓され，もって京都大学より博士号（文学）を授与されている。大森氏ご自身，「翻ってみれば，トマスに始まり，エックハルトを経て，パラマスに到る私の稚拙な歩みは，ほとんどすべて，人間の神認識にかかわる問題であった」（『エネルゲイアと光の神学』，前掲書，あとがき，p. 374）と述懐されている通り，広く東西キリスト教世界にまたがる思想家を研究対象とされるなか，人間の神認識を問うという同氏の姿勢は一貫しており，本書のテーマである「観想」も同じ問題系列に位置づけられることは言うまでもない。本書は，大森氏が主として上記『エネルゲイアと光の神学』を上梓されて以来発表されてきた17の論文を基に構成されており，その概要は以下の通りである。

本書は第1部「テオリアの光景」，第2部「擬ディオニュシオスをめぐって」，

第3部「パラマスの思想とパラマス主義」という全3部から成る。

まず，第1部第1章「アトスの修道士ニケフォロスにおける東方霊性（ヘシュカスム）のかたち」，第2章「祈りの方法論」，第3章「観想における φαντασία の問題」では，13-14世紀アトスの修道士（ヘシュカスト）の間で実践されていた祈りの「方法」あるいは「精神−身体的技法」について記された3つのテクストが分析の対象となっている。13-14世紀のアトスでは「イエスの祈り」を絶えず唱えるというヘシュカスムの修行の中で，身体を内側に丸め込むようにして座り，呼吸を調整するという実践が盛んに行われており，これら3つのテクストはその「方法」についての具体的な指南書として流通し，『フィロカリア』中に収められて後代への影響も大きかったものである。大森氏は，これらのテクスト中にある呼吸についての記述をとくに取り上げ，ヨーガや仏教のマントラ，スーフィーのズィクルなども引き合いに出しながら，果たしてヘシュカストたちの呼吸についての指南が「方法」「技法」と呼べるような性質のものであったのか，つまり，祈りの実践に対する何らかの方法的・体系的認識や，何らかの明確な手順を踏んで初歩の段階から高度な段階へと進んでいくような体系的方法が確固として存在しているのだろうかと問われる。大森氏は結論を出されるにあたって慎重だが，呼吸は自己の内面を静謐化し，自己自身に集中し，注意を自分に向けるために重要であり，その意味で精神−身体的技法と言うことは可能であるが，そこで目指されているのはあくまでヌース（後述）の制御であり，ヘシュカストたちの呼吸そのものへの関心は薄いとの見通しを示される。実は，ヘシュカスムにおける精神−身体的技法をどのように評価するかということは，ヘシュカスムをどう定義するかという問題にも通じており，研究者の中でも意見の隔たりが大きい。その点，大森氏は前著『エネルゲイアと光の神学』においても「身体もまた祈る」（第3部第3章）と題された章で修行と身体の問題を考察されたが，本書においてはさらに踏み込んだかたちでヘシュカストたちの祈りの「方法」そのものについて現段階でのご自身の見解を明らかにされたということになろう。つまり，一方でヘシュカスムを一種の技法論として捉える見方を退けながら，他方でヘシュカスムを精神主義的に解釈することもなく，身体性を霊性の中に取り込まんとする修道士たちの苦闘としてそれを理解するのである。「精神のみの存在ではなく，身体を伴った（というより誤解を恐れず言えば，身体そのものである）人間の自己に聞き耳を立てるという行為は生易しい行為ではない。しかしそれをしな

いかぎり，いくら修行をしても無駄であろう。心や身体の語る言葉をどれほど深く聞き取れるかが分かれ目である。神を外在化させず内在の神に聴くという行為がそこでは必要なのである。」（本書86頁）

次に，第1部第4章として，ヘシュカストたちの祈りにおいて中心的役割を果たす「ヌース」についての論考が置かれる。周知の通り，ギリシア語のνοῦςという概念は，古代ギリシアの哲学者たち，とりわけ新プラトン主義の哲学者たちの世界観の基礎をなす三つの原理的存立階層の一つとして重視され，本邦ではこれまで「知性」「理性」などと翻訳されてきた。しかし，東方キリスト教の師父たちはヌースに関する古代ギリシア哲学の伝統を受容しつつも，この語を祈りの実践に即してより具体的に用いており，その射程の広さを踏まえ大森氏はあえて「ヌース」と片仮名で記される。本章では，プラトン，アリストテレス，プロティノスといった哲学者におけるヌースの用法を概観した後，東方キリスト教の師父たちにおけるその用法が検討され，最後には西方のアビラのテレサのテクストも比較考察される。その中で，東方の師父たちはヌースを魂の能力の一つと捉えると同時にそれを心（臓）と結び付ける傾向があること，また，彼らはギリシアの哲学者たちのヌース観を引き継いでいるものの，哲学者たちによって気にも留められなかったであろうヌースの弱点，手に負えない面をも詳細に伝えていることが示される。そして，このように東方の師父たちはヌースを幅広く捉えることによって，かえって人間存在の重層性を示していると結論される。本章で引用されるテクストは哲学者たちのものにせよ，東方の師父たちのものにせよ，ごく限られたものではあるが，ヌース概念を介して古代ギリシア哲学と東西キリスト教思想を通して眺める試みとして極めて示唆に富むものとなっており，また，新プラトン主義思想にも東西キリスト教思想にも明るい大森氏であるからこそ可能な論考でもあり，いずれ劣らぬ本書の論考の中でも必読箇所である。

続いて，『フィロカリア』を「観想の文法書」として捉える第1部第5章を挟んで，第1部最終章では神現の場としての「闇」をテーマに東方キリスト教の思想家たちのテクストが分析される。ここでは，旧約聖書，フィロン，ニュッサのグレゴリオスのテクストに表れる闇について検討された後，パラマスにおける神現の場としての闇の理解が分析される。大森氏はヘシュカスム論争の中で論敵となったバルラアムとパラマスに関し，両者における闇の捉え方の違い（それはディオニュシオス解釈の違いでもある）と，その問題が否定神学の身分の捉え方の

違いにも繋がっている点を明晰に分析されている。本章の最後（すなわち本書第1部の最後）で「燃え尽きざる茨のイコン」と「変容のイコン」という二つのイコンに見られる闇の表現が分析されることは、観想の問題を「具体的な現場」で捉えるという本書の（とりわけ本書第1部の論考に共通した）テーマをよく表していると言えよう。闇が分析される中で人間の神に対する強い思慕と熱情が浮き彫りとなり、東方の修道者・信者の姿が眼前にリアリティを持って立ち現れる。

本書第2部ではディオニュシオス・アレオパギテースの思想とその解釈が問題となる。第2部第1章では『神名論』におけるテアルキア θεαρχία という語の用例が検討され、神 θεός や神性 θεότης といった言葉との異同が明らかにされる。大森氏の精緻な検証についてその詳細をここで述べることは避けるが、同氏がディオニュシオスの言語行為を「キリスト教を新プラトン主義的に変容したのではなく、キリスト教が先行するギリシア的な神概念とは異なるものを持っていることを明確に示そう」とするものとして理解していることは特筆に値する。テアルキアという語も、神の超越した面と、被造物とかかわってそれらを神化するという一種のオイコノミア的側面を含意し、さらに神の三一性との関連で使用されていると大森氏は指摘される。神化は神の人間に対する愛の働きの発露であり、（あくまで三に留まる）神の内なる三者の交わりは被造物には内密のものであるが、この調和的交わりそのものがそもそも神の根源（テアルキア）であり、「三」という多性が「一」という単純で、全一的なものとして統合されることに「神性」の神性たるゆえん、すなわち「テアルキア」があると結論される。

続く第2部第2章でも『神名論』が考察の対象となるが、ここでは「神名の『記述』と『語り』」というそのタイトルが示す通り、（個々の神名の解明というよりは）神に名を付与するという人間精神の構造の解明に力が注がれる。神名を知り、それに呼びかけることは「讚美」に他ならないというディオニュシオスの言葉の奥に、大森氏は受肉の秘義の内在的理解への促しを読み取られる。

「否定神学は肯定神学の裏返しか？──否定神学の現代的意義──」と題された第2部第3章では、これまでの精緻なテクスト分析からしばし離れて、否定神学という言語行為そのものが考察の対象とされる。そして、「虚無主義の真っ直中にある『神なき時代』」における否定神学の復権、そしてそのための否定神学的論理の構築が訴えられる。「目指すところは、肯定神学でもなく、肯定神学ならざるものでもない、否定神学でもなく、否定神学ならざるものでもない。この

間の消息を十全に表現する論理の場。」(本書 255 頁)

第2部第4章「秘義的秘跡と観想——擬ディオニュシオス『教会位階論』の構造(第一章, 第二章より)——」は, ディオニュシオスをめぐる第2部の論考の中で, 第1章と並んで重要な論考であろう。大森氏はディオニュシオス文書の中で唯一邦訳の存在しない『教会位階論』を取り上げ, とくに同書全体の概観として「ヒエラルキア」について論じられる第一章, および, 洗礼の秘跡 $\mu\nu\sigma\tau\dot{\eta}\rho\iota o\nu$ (=神からの照明) について論じられる第二章を分析される。ここで問題となるのは, ディオニュシオスがこれらの言葉をキリスト教的文脈で用いているのか, それとも非キリスト教的な (古代ギリシアの密儀宗教や哲学の要素を含みこんだ) 意図を持って用いているのか, という点である。大森氏はここでもディオニュシオスをキリスト教的立場に立つ者として捉える見方を示すが, 「そもそも〔霊的〕解釈としての観想を, 神との一致という行為を抜きにして, ディオニュシオスは考えていない」という。つまり「天使界の地上的展開を教会のヒエラルキアに見る考えをもつディオニュシオスにとっては, このヒエラルキアにおける秘跡を通して, 当然神的なことがらの秘義が具体的に姿を取って現れるのであり, その姿を人は観想して, 神の神秘に参入するからである」(本書 276 頁)。この指摘によって大森氏は, 観想における具体的行為や物質の意義を改めて示しておられるように思われる。

第2部の最終章には「パキメレースによる擬ディオニュシオス解釈——ビザンティン的テキスト解釈の一例——」と題された論考が置かれる。本論考は, ディオニュシオスの『神秘神学』の解釈をめぐって, ゲオールギオス・パキメレース (1242-c. 1310) と彼が依拠するスキュトポリス=マクシモスのそれぞれの釈義を検証するものであり, ディオニュシオスがどう解釈されたかという問題を, (しばしば議論の俎上にのぼる西方での事例を通してではなく) 東方キリスト教世界の内部で, しかもビザンツ帝国時代の事例を通して理解しようという貴重な試みである。

最後に, 本書の最終部として第3部「パラマスの思想とパラマス主義」とまとめられた6つの論考が置かれる。

第3部第1章「パラマスによる擬ディオニュシオス解釈の一断面——ディオニュシオス『スコリア』援用の問題——」は, パラマスの『神の統一性(一性)と区別について』という作品を基に彼の提示した「神におけるウーシアとエネルゲ

イアの区別」という神学的・哲学的問題を改めて取り上げようという意欲的な論考である。ここでの大森氏の意図は，パラマスのこの説を「先行する諸教父の見解を総合的に述べたもの」として擁護する正教会の学者と，「パラマス独自の，正統から逸脱した謬説に近いもの」として非難する（とくにカトリック側の）学者との双方に対し，真実がその中間にあることを示し，さらにパラマスの説にスキュトポリス＝マクシモスの『スコリア』からの影響が強いことを示すことにある。

第3部第2章「神の本質の把握不可能性について——東方教父とトマス・アクィナスの解釈——」は，「見る」「把握する」という語に着目し，ニュッサのグレゴリオス，ダマスコのヨアンネス，パラマスら東方教父とトマスの神の本質の把握不可能性についての議論を比較考察することによって，東方と西方の考え方の特質を明らかにするものである。大森氏はすでにこの問題について前著『エネルゲイアと光の神学』の中でその素描を示していたが，本章ではそれぞれのテクストを基に詳細に吟味されている。その中では，西方の「知解を求める信仰」と，東方のあくまで霊的なものとしてのヌースによる認識（理知としての側面は二次的に留まる）という態度から帰結する両者の相違点を指摘しつつも，通常言われるような大きな隔たりよりも，むしろ両者の類似点を示すことに力が注がれている。

第3部第3章では，『聖なるヘシュカストたちのための弁護』と並ぶパラマスの主著の一つ『百五十章』を考察の対象に，パラマスの自然学が考察される。ヘシュカスム論争で論敵となったバルラアムとの対比から，パラマスにはしばしば当時の自然科学的知見とは無縁のアンチ・ヒューマニストとのレッテルが貼られるが，ここで大森氏はそれを反証される。パラマスにとって自然とはその中で神を観想する場，神へと至る道筋の導入部分として捉えられており，その意味で自然が一種の「イコン（聖像画）」として見られていたとの指摘がなされる。

第3部第4章「神の場とエネルゲイア——パラマス問題解決の試み——」は第3部の中心となる論考である。ここでは質料・物質とその神化が大きなテーマとなっており，プラトンやプロティノスといった古代ギリシアの哲学者たちの世界創造説のみならず，古生物学者・地質学者であったイエズス会の思想家 P. Theihard de Chardin（1881-1955）の著作 *Le milieu divin* における物質の神化の議論をも援用しながら，パラマスのエネルゲイア論を理解しようという果敢な試みがなされる。本書419頁の図は大森氏によるパラマスのエネルゲイア論理解のこれまでの到達点を示すものであり，この世界において神のエネルゲイアの発

露としての神性の充溢的展開が見出され，その最終段階の先取りとして「無限を有限なものに採り入れるという不可能事」——人間の最内奥たる心・カルディアにおける神との親しい交わり，イコンという物質的形象を通しての神の現存の感知，そして聖体礼儀——が実現しているとの見通しが述べられる。

第3部第5章「ヘシュカスム論争とは何であったのか——バルラアム『第一書簡（一-二九）』を通して——」では，「地理的にきわめて狭いと思われる地中海地域でどうして聖霊や神認識へのアプローチが異なったのか，そうしたアプローチをとるメンタリティの相違は何なのか」という問いをめぐって，A. Fyrigos らイタリア人研究者の間で近年盛んになっているバルラアム研究の成果を取り入れつつ，フィリオクエ問題を論じるバルラアムの『パラマス宛第一書簡』の一部が詳細に検討されている。J. Meyendorff らによって過度に貶められた感のあるバルラアムの思想を再評価し，パラマスとバルラアムの思考法や論法の違いを客観的に示そうと尽力される大森氏の試みは，翻ってパラマス理解にも大きな進展をもたらし，複雑極まりないヘシュカスム論争の真相を解明するための大きな一歩となるだろう。

かくして，本書の最終章となる第3部第6章「スコラリオスによるパラマス解釈（緩和されたパラマス主義）」において，スコラリオスを例に後代のビザンツ思想におけるパラマス受容と西方神学からの影響が考察された後，7頁にわたる本書全体の最終考察が置かれて本書は締めくくられる。

以上概観してきた通り，本書で目指されているのは，観想という本来語り得ないものを何とか語りだそうとした東方の師父たちの言葉に丁寧に耳を傾けることである。体験そのものには言語の介在する余地はないこと，言語による記述に限界のあることを承知で，それでも言語によってそれを表現した師父たちのテクストを，著者である大森氏もまた，その制約を引き受けつつ言語を用いて可能な限り分析し，詳述されている。とりわけ，その多くが論理性や一貫性を殊更重要視することのない東方の師父たちのテクストと向き合う時，その困難は大きい。それでも，あたかも自ら体験したかのように一足飛びに幽玄の世界の側から語るようなことを大森氏は決してなされない。原典テクストを丁寧に分析し，最新の研究動向も抑えつつ，あくまで学術的かつ哲学的に，こちらの世界の側から彼らの体験に一歩ずつ迫られる。大森氏のその姿勢に，最大限の敬意を表したい。

また，「実践なくして観想なし」という理解の下，ヘシュカストの祈りの精神-

身体技法，イコン，洗礼や聖体礼儀といった典礼をも観想言語に含めて考察される点や，ヌース・質料・エネルゲイアといった鍵概念を軸に，古代ギリシア哲学思想から末期ビザンツキリスト教・哲学思想に至るまで見通せる点も，他の著作にはほとんどない本書の大きな特徴であり魅力である。必要に応じて参照されるトマスの議論も，表面上の安易な比較を警戒しつつなされた慎重かつ説得的なものであるように思われる。本書が東方キリスト教思想研究を志す者にとってはもちろんのこと，トマスやギリシア哲学（とくに新プラトン主義思想）に関心を寄せる者にとっても，通常「近くて遠い」と思われがちな東方キリスト教思想を理解するための手掛かりとなる極めて有益な書であることを書評子は確信し，多くの読者に恵まれることを願う。

八巻和彦著
『クザーヌス 生きている中世：開かれた世界と閉じた世界』
ぷねうま舎，2017年，509頁，ISBN: 978-4-906-79168-2, A/5, 5,600円

宮 本 久 雄

はじめに

本書は八巻氏がN・クザーヌスの思索と実践を深く背景・根拠としながら，人間と自然が疎外されている現代において「他者」との出会いを構想し，その実現の道標を示している壮大なスケールの書である。副題は，人間が相生[1]・居住できる「閉じた世界」とそれが他の「閉じた世界」と交流する「開いた世界」への越境も「他者」との出会いの道筋を示しているといえよう。本書評子は大略そのように本書の核心を捉え，それをふまえて本書の荒筋を辿りつつ，書評子の感銘を受けた点や私見などで補足的にコメントしていきたい。

---

[1] 書評での用語「相生」は「相生かし相生され相生く」の意で「共生」よりも深く他者との絆を示す語として用いられている。

一 破局の諸相

　八巻氏が現代の破局の典型的な相として挙げるのは「フクシマ」という原発破局である。このカタカナの「フクシマ」という表現には，スリーマイル島原発事故やチェルノブイリ原発大事故などが含まれ，福島原発暴走を今も支えている原子力ムラや原子力安全神話および科学技術，そして被災者の人々，さらに核拡散などの危機にさらされる将来世界がたたみ込まれている。と同時にその「フクシマ」を克服して他者との相生の地平をどう披(ひら)いていくかという課題がそこに示されているのである。その課題の引き受けこそ，八巻氏の（中世）哲学や歴史的文明的ヴィジョンを背景にした本書に他ならないといえよう。

　破局の二番目の相は，「現代日本におけるアイデンティティの分裂」（第二章）に窺えよう。氏はこのアイデンティティの分裂や喪失を，日本における過剰不安症候群に見出す。この不安の顕著な現れは，新々宗教（オウム真理教，幸福の科学）に見出されうるし，「不安産業」（健康への不安に対処するドラッグストア，子育てや進学に対処する子育て講座や進学塾等々）の拡大もその指標である。日本人の場合，特に母性的なるものへの集団的甘えによってそのアイデンティティを形成してきた。母性的なるものとは恵み豊かな自然であったり，戦後日本を保護したと見える「アメリカ」であったりする。しかし，今やその自然もフクシマで荒廃し，日本はアメリカにすり寄ろうとしてもつき離されている等して最早，日本人の集団的・個別的甘えは通用しないのが現代なのである。そこに日本のアイデンティティの破局が現前してくる。それにどう対処できるのであろうか。危険な対処の典型は，安倍政権のイデオロギー的背景である「日本会議」が掲げる「明治（憲法）」への回帰志向である。それは神人天皇をいただく戦前レジームの復興ともいえる。ところが八巻氏はこれと逆向する行動をとる現・明仁天皇および美智子皇后に注目する。御両者は沖縄やペリリュー島，フィリピンを訪問し第二次世界大戦の犠牲者を慰霊したり，福島の被災者に同じ目線で語りかけ，足尾鉱毒関係の場所を訪れたし，正に日本国憲法の平和希求の精神の体現者といえるからである。

　こうした日本のアイデンティティ分裂の克服のため八巻氏は，日本も含めた東アジア共同体の構想を提案している。書評子もその構想にささやかに寄与しようと，韓国のガンジーと謳われたハム・ソクホン師の相生精神を継承するシーアル（民衆）共同体を中心に様々な人々と相生を希求したり，シンガポールで戦時中

日本軍の犠牲となった人々の子孫との和に向けての円居(まどい)を形成しようとしたりしているが，こうした日本人一人ひとりの小さな他者との交流が今こそ求められているといえよう。

以上のような現代世界の破局に関して忘れてはならないのが，根源悪の現象としての「アウシュヴィッツ」強制収容所であろう。そこは，「生きる資格のない人」とされ人間の他者性を奪われた人々が焼却された「忘却の穴」だからである。

こうして次の問いは「他者の衝撃」という題の下に展開される他者論に関わっていく。

八巻氏はそこでコンスタンティノープルの陥落（1453年）という破局に直面したクザーヌスが，タタール人という他者をどのように見出したかを語る。当時クザーヌスは『信仰の平和』の中で宗教迫害の残虐性の主原因は諸宗教・諸国民の間での儀礼の多様にあると考えた。そこで彼は著者の中で使徒パウロとタタール人知者との対話を設定し，神への信仰と愛の律法とが確立されるなら儀礼の多様は最早重要でないと結論づけるのである。

こうしてクザーヌスは破局を通して，当時完全な奴隷・物とみなされていたタタール人を他者として見すえるに至った。次に「他者概念の特質」において八巻氏は，自己のアイデンティティが重層構造を秘めるのに応じて他者概念も変化するという。われわれの関心を引くのは，「自己の内部にいる他者」であり，それは良心であったり，サタン的な心であったりしよう。しかしここでH・アーレントに言及すると，全体主義に抵抗できる人格とは，自己の中にもう一人の対話相手をもち，正しく状況を判断できる人だという点である。八巻氏はさらに「神という絶対的他者」を挙げる。氏によれば神は人間の接近不可能なものであるが，逆に人間相互の他者としての交わりを成立させている場としての不可視の他者として理解される。また移民，殊に難民が他者として際立ってくる。ここで書評子がコメントすれば，H・アーレントのいうようにあらゆる集団（国家，民族，自治体など）への登録を剥奪された難民は，生命権，財産権などの基本的人権を失った他者である。難民はその意味でE・レヴィナスのいう裸の，暴力にさらされた「顔」であり，「殺さないで」と訴えかけてくる言葉といえよう。その言葉こそ他者であり，それに応える（répondre）ことが究局の責任（résponsabilité）なのである。こうして他者は，わたしの自閉的自同を衝撃的に破り相生の地平を披く。それも破局の只中において。

次に西田幾多郎とクザーヌスとの出会いの章にふれてみたい。というのも西田の晩年は第二次世界大戦の悲劇の只中で過ごされ，そこで彼は終生の金字塔的論文「場所的論理と宗教的世界観」を著し，クザーヌスの思想の核心「無限球のたとえ」と絶対矛盾的自己同一とを解釈しているからである。

それでは無限球とはどのようなことなのか。無限球は，球として限界をもたず無数の焦点をもつ世界である。その各焦点は世界を映すと共に，無限な世界の自己表現の一立脚点である。これに対して西田の言う絶対矛盾的自己同一とはどういうことであるのか。八巻氏はそれに応えて西田を引用している（270頁）。「世界は絶対矛盾的自己同一的に，絶対現在の自己限定として，自己の中に焦点を有ち，動的焦点を中心として自己自身を形成して行く。……〔他方，〕我々の自己は，かゝる世界の個物的多として，その一々が世界の一焦点として，自己に世界を表現すると共に世界の自己形成的焦点の方向に於て自己の方向を有つ。……〔これは〕永遠の過去未来を含む絶対現在の一中心となると云ふことである。私が，我々の自己を，絶対現在の瞬間的自己限定と云ふ所以である」。このように無限球と絶対矛盾の自己同一的世界は重なって，世界と自己との関係を見事に表現している。そしてこのような無限球の場において八巻氏が命名する「楕円の思考」が実現する。すなわち，円形の中心における思考の主体・焦点である各人が，対立する「他者」から学び交わるにつれ互いに接近し，二つの円であったものが，一つの楕円の中の二つの中心点を形成する。こうして両者は協和相生関係に入るわけである。書評子にはクザーヌスの無限球内で刻々とこのような出会いが生起し，西田流にいえば場の自己限定として「我と汝」の関係が刻々と実現しているように思われる。他者との出会いの衝撃は生起し続けるのである。西田の場合，この出会いはさらに「逆対応」という形で実現する。これを書評子流に言い直せば次のようになろう。すなわち，われわれは直接神と出会うことはありえない。一方でわたしは，神の愛せよとの命にさらされ，利己的自己の重なる否定を通してこれに応えようとするが，そこに無力・無能でしかも罪業深重な自己を見出さざるをえない。今や神の憐れみを乞うて祈る他にはない。他方で神は，その絶対不動永遠の場から自己否定してサタンまでも担う勢力で受肉し，自己無化を重ね，逃亡する人間を追いこれを包む。この絶対の慈悲と憐れむべき人間の弱さが契合するのは，両者各々の自己否定を媒介にする対応・出会いであり，それが逆対応といえよう。以上は仮のたとえであるが，それも破局の一つの相の只中で生起す

る他者の衝撃事件なのであろう。

　こうした他者との相生の拓けに臨んで八巻氏は「大きな物語の改訂」を提案する。ここにいわゆる大きな物語の一例としてアメリカの「明白な運命」が挙げられている。アメリカの伝統にあっては，自由の領域の拡大が神の摂理であるという信念と，この摂理の実現のためアメリカが選ばれた国家であるという主張の二本の柱が核心をなすという（西崎文子説）。それはアメリカがかかえる大きな物語でそれによって南北戦争から反共政策を通じ反イラク湾岸戦に至るまで自己のアイデンティティ保持の歴史を形成してきたのであるが，それが却って他の文化や民族圏に災厄をもたらし，アメリカ国内に分裂をもたらしたのも事実といえる。本邦では上述の通り「日本会議」の影において旧憲法の復権，『国体の本義』や『臣民の道』[2]の回復を目指す旧い大きな物語が語られているといえる。これに対し，現天皇および美智子皇后が体現する今日の憲法も大きな善き物語であり，東アジア共同体の創設を目指す八巻氏の物語も改訂される大きな物語であろう。氏は「大きな物語」の内実について次のように述べる。「狭くなりつつある地球上で出会う〈他者〉，〈異なるもの〉に対して，単なる寛容のみならず根源的な信頼を保持する勇気をもち，その結果としてそれがもたらす〈開かれ〉と〈豊饒性〉を信じつつ，暴力に頼ることなく〈平和な世界〉を追求し続けるという物語である」(390頁)。

　本書の終章では「現代に生きる中世」がテーマとなっている。「現代に生きる中世」という場合，(1)「現代において活用されている中世の思想的所産」と(2)「現代においてこそ必要とされる中世の思想的所産」の二義が込められているとされる。そこで前者(1)の肯定的特色を捉えようとして八巻氏はまず「科学・技術と中世」を問題にする。科学技術関係ではローマ教皇庁のガリレオ・ガリレイに対する異端審問の話に人は目を奪われ，キリスト教の反科学性が常識とされている向きもある。しかし広い視点では数学や経験科学を重視したロジャー・ベーコンや唯名論を推進したオッカムのウィリアムなどは近世自然科学の成立を準備したといえる。また現実には存在しえない条件文・反事実的条件文（counter-

---

　2）　書評で挙げた『国体の本義』（昭和12年刊）と『臣民の道』（昭和16年刊）はいずれも当時の文部省の編纂になる書である。その内容は，日本は天皇を頂点とする皇室を宗家と仰ぐ一大家族であるので，個的人格を基盤とする西欧的民主主義やキリスト教は，国体の本義や臣民の道にそぐわないということである。

factual) が当時の自然哲学者に自然学的想像力を豊かに展開させた。例えばニュートンが慣性の法則「すべての物体はそれに加えられる力によってその状態を変化させるように強いられなければ，静止状態か等速直線運動を続ける」を発想しえたのも，先の反事実的条件文の思考実験の結果なのである。書評子もかつては大学の科学史の講義（伊東俊太郎教授）において，中世を通して伝承展開された新プラトン哲学は，善のイデアの子としての太陽を宇宙の中心とする故に，天動説から太陽中心の地動説へのパラダイム変換に一役買ったとの講義を受けたことを覚えている。

続いて近代の代表民主主義の成立に近世が果たした諸要因も様々である。そのうちの一つであるクザーヌス著『普遍的協和について』は，平等，自由，公会議の至上権，個人的同意，多数決などの必要性にふれ，中世から近代的な法治主義的体制確立への連続性を示している。書評子はまたドミニコ会の会憲が推進する選挙制にも注目している。それは民主主義の先駆けとなるものである。また一三世紀初頭までに成立したパリ，ボローニャ，オックスフォードなどの大学は，科学技術成立の温床となっただけではなく，国際的なレヴェルで学生を集め，討論を中心とした知的訓練を施したことでも知られる。その討論の訓練は民主主義の熟議的性格を養成した点で政治制度にとって歴史的重要性をもっている。本書は全体にわたって膨大な資料を駆使しているので書評子はそれを読者に示しえないという恨みをもつが，特に「現代に生きる中世」の章においてはそうである。次に(2)「現代に生かされるべき中世」のテーマを紹介したい。八巻氏はそのテーマに入る前に現代を生み出した三つの思想的骨格を提示する。合理主義，人間中心主義，個人主義の三点である。そのうち人間中心主義は，プロメテウスの火を用いた人間がやがて産業革命を興し，神のごとく自然と諸民族を支配し，逆に人間自身の未来を滅亡させる危機の只中にあるという悲劇を招いている。個人主義もデカルト的理性そのものであり，全き自由を獲得した人間が，逆に歴史や文明を創造してゆく自由に耐え切れず，その自由を独裁者に委ねて大衆化し，そこに全体主義が成立するという逆説的な結果を招いたのはつい最近のことであり，その危険な無責任的個人主義は今日でも密かな力をため込んでいる。

われわれの関心は合理主義に関わる。トマスやクザーヌスなどの中世的認識論においては，知性（intellectus），理性（ratio），感覚（sensus）という上から下への三機能の相互作用によって認識が成り立つとされた。ところが近世以降では，

知性と理性が切り離され，カントにみられるように理性論が主流となる。その場合の理性は，対象を量化し数式化し制御し，技術と結びつけて利用するという計算的道具的理性を意味する。フッサールも指摘するように（『ヨーロッパ諸学の危機と超越論的現象学』）こうした理性が生活世界の忘却を招く物理科学的世界像を構築する決定的な契機となったわけである。ここでいう生活世界とは，われわれが日常言語を用い，意思疎通して住み，文化を形成しながら，また新しい言語を生み，新しい文化を創造しつつ相生してゆくゲマインシャフト的な世界といえよう。本来この生活世界が地盤となって客観的・科学的世界が構築されるわけであるが，理念化され数学化された物理科学的世界がそれをおおい隠してゆく。例えば東京などを見れば，大地自然がコンクリートでおおわれた人工的外観の下に，コンピューターで生活が操作された物理科学的に刻印された人工的空間となっている。

　この理性に対し，知性とはどのような役割を果たすのであろうか。例えばトマスは，「知性の受胎にまず第一に入るものは〈在るもの〉（ens）である。というのは，『形而上学』第九巻にいうごとく，何ものも，それが現実的である限りにおいて（inquantum est actu）可認識的だからである。この故に ens が知性に固有な対象であり，そういうわけで第一の可知的なものなのである」（S. T., q. 5, a. 2, c.）と語っている。中世の実在論はこの現実的レアルな ens を基に，存在のアナロギアの世界を展望し，様々な他者に出会い，存在そのものの神を否定神学的に望見したことは周知のごとくである。この点について八巻氏は次のように述べる。「［理性］の「開かれ」るべき方向は，他の人間，動植物等の〈他者〉に対しての〈開かれ〉という意味での水平方向のみならず，いわば垂直的にも，つまり〈超越〉に対しても「開かれ」た理性であるべきだろう」（414 頁）。そして氏は超越的他者からの視線を以て自・他に気づく用意を説く。このような水平・垂直方向に開かれた理性は，「立体的に」開かれた理性であるという。

　以上のように中世において intellectus は，他者のうちに耳をすます（intus-legere）という能力として超越者・神に耳をすます。それではその超越の次元の開けは人間にとってどのような意義をもつのであろうか。一つはあらゆる人間が超越的でかけがえのない存在だということである。それをさらに言うならば，全体主義は勿論，国家，民族，企業などどんな集団も個的人格を支配したり抹殺する権限をもたないということである。ナチスはその優生学的人種的偏見の下に障

害をもつ子供たちを抹殺したが，それは超越性を秘める子供たちの根源的他者性の抹殺に他ならなかった。

　最後に八巻氏は中世の精神性を次の三点に要約して語っている。「第一にそれは，人間にとっての不可知なものの存在を認め，第二にそれは，人間存在の限界と弱さとを十分に自覚しており，第三にそれは，個人の脆弱さと〈他者〉の力の必要性とを弁えているというものなのである」(415頁)と。この精神は勿論N・クザーヌスの精神であることは言うをまたないであろう。

むすびとひらき
　本書は，クザーヌスの精神に導かれた八巻氏が，中世の立体的な理性の眼力をもって，自己も含め他者への開かれの諸相を見事に開陳したメッセージといえる。しかもこの他者が，他者抹殺を加速する「現代」の只中にある以上，氏の戦略は哲学・神学だけでなく，政治・経済，科学・技術，アジア・欧米，文明にまで及ぶ壮大な領域に広がっている。その領域の正体を精緻な資料分析を以て暴きつつ，他者に関わるある開かれ・提案を示す手法は見事という他にない。その提案の中でも書評子の関心を引いたのは，書評子もそれについて思索してきた「大きな物語の改訂」というテーマである。

　書評子は従来から「小さな物語」の掘り起こしに従事してきた。アイヌや女性，ネイティブ・アメリカン，水俣，賢治，韓国の東学党，シンガポールの日本統治時代の話，カタリ派等々についてである。そしてその小さな物語群から何か大きな物語や他者論を抽象して統合するという作業とは逆に，それらの物語を他者という視点でアナロギア的に一つ一つ辿り見てゆくという作業を続けている。それは各々の物語から他者との出会いに向けてのエネルギーを授与されることであり，そのエネルギーを体現していく人々との相生を展望して生きることにも連動してくると思われる。この作業をクザーヌス的に語れば，小さな物語が無数の焦点となる無限球という大きな物語の相生とでもいえようか。

　最後に本書が中世哲学会の書評にとりあげられることは，絶大の意義をもつと断言できる。というのも，中世が過去から未来に四通八達の勢いで甦る見本が本書であり，加えて中世哲学の研究者諸氏自身が中世から甦って各々の前線で根源悪の諸現象に立ち向かいつつ，他者の開かれに向けて思索・実践をするよう招く招きが本書だからである。

中世哲学会会報

◇2017年11月11日(土)・12日(日)の両日，岡山大学（津島キャンパス）において第66回総会・大会が開催され，以下のとおり，研究発表等が行われた。

《研究発表》

トマス・アクィナスにおけるアナロギアと比喩　慶應義塾大学　内山　真莉子

トマス・アクィナスにおける永劫の問題　　　　慶應義塾大学　菅原　領二

エックハルトにおける存在と本質の区別について　　早稲田大学　西村　雄太

『純粋善について（原因論）』の自己存立をめぐる議論――新プラトン主義の知性論の行方――　　　　　　　　　　　　　　　　龍谷大学　西村　洋平

神の知識と可能の本性について――『迷える者の手引き』Ⅲ：19-21 より
　　　　　　　　　　　　　　　　　　　　　　同志社大学　神田　愛子

クザーヌスにおける「否定神学」の意義――『知ある無知』を中心に――
　　　　　　　　　　　　　　　　　　　　　　　天理大学　島田　勝巳

ドゥンス・スコトゥスの形相的区別について　　　　東京大学　本間　裕之

動詞 est は単なるコプラか――ドゥンス・スコトゥス『命題論問題集第二』1巻5問とその前史　　　　　　　　　　　　　　北海道大学　古舘　恵介

《シンポジウム連動　特別報告》

木の実の誘惑――創世記と告白――　　　　　東京純心大学　宮本　久雄

《シンポジウム》

論題：中世における原罪論の諸相――教父の聖書解釈を中心に――
　　　　　　　　　　　　　　　　　　　司会　早稲田大学　矢内　義顕

［提題］アウグスティヌスの原罪論におけるオリゲネスの聖書解釈の影響
　　　　　　　　　　　　　　　　　　　　　東北学院大学　出村　みや子

［提題］アウグスティヌスにおける楽園神話解釈に基づく人間観の形成――「嘘」の概念に注目して　　　　　　　　　　　　富山大学　佐藤　真基子

［提題］ペラギウス派による原罪論批判の本質と課題――悪は「善の欠如」であるか？――　　　　　　　　　　　　　　　　南山大学　山田　望

◇総会議事概要
・大会初日に開催された評議会において，2名の入会が承認されたことが報告された。
・2016年度決算報告および2017年度予算案が，監事による報告がなされた上で，承認された。
・6名の正会員の退会が報告された。
・シンポジウム企画委員の公募制度の導入が，評議会において承認されたことが報告された。
・『中世思想研究』第59号が2017年9月に知泉書館より刊行されたことが報告された。
・編集委員1名の交代が報告された。
・「中世哲学会研究機関誌投稿規定」および「シンポジウム関連原稿執筆規定」について改定が行われたこと等が報告された。
・第67回総会・大会が，2018年11月10日(土)・11日(日)の両日，聖心女子大学（〒150-0012　東京都渋谷区広尾4丁目2番24号）において開催される。
・評議員選挙の投開票の結果が報告された。
・2018年度より2020年度までの事務局が，慶應義塾大学に移転することが報告された。

◇原稿募集
　『中世思想研究』第61号は，2019年秋刊行の予定である。原稿掲載を希望する会員は，巻末の「投稿要領」にしたがって，2018年12月15日から2019年1月15日までの間に投稿されたい。なお，原稿の採否は編集委員会に一任されたい。

◇総会・大会開催予定
　第68回総会・大会は，2019年秋に南山大学にて開催の予定である。発表を希望する会員は，2,000字以内の要旨を添えて，2019年1月末日までに事務局に申し込まれたい。発表の可否は，理事会で選考の上，決定される。

中世哲学会への入会について

　中世哲学会では，本会の趣旨に賛同される方の入会を歓迎いたしております。

　入会希望者は，入会希望と明記の上，①氏名（ふりがな）②住所・電話番号・電子メールアドレス　③所属（所属機関ないし在学校名）④職名ないし在学課程・学年　⑤最終学歴（現在在学中の場合は，それ以前のもの）⑥専門分野　⑦推薦者氏名（会員より1名）を記入し，郵送，もしくは電子メールにて事務局（office@jsmp.jpn.org）までお送りください。大会時に開催される評議会に諮って決定されます。

　なお，賛助会員の入会については，事務局までお問い合わせください。

編集委員からのご報告

　『中世思想研究』が創刊されてちょうど60冊目となる第60号が無事刊行できました。

　今号には7編の論文投稿があり，編集委員会の厳正な審査の結果，5編が掲載論文として採用されました。意欲的な論文をご投稿いただいた会員の方々に感謝申し上げます。

　また，ブラインド制を採っている関係でお名前を掲載することはできませんが，副査として査読に加わっていただいた評議員，会員の方々には，その献身的なご助力に，この場を借りて心より御礼を申し上げます。

中世哲学会規約

（2016 年 11 月 13 日改正）

（名称）

第 1 条　本会は中世哲学会（The Japanese Society of Medieval Philosophy）と称する。

（目的）

第 2 条　本会は西洋中世哲学や中世思想，および関連諸分野の研究の促進・発達・普及を図ることを目的とする。

（事業）

第 3 条　本会は前条の目的を達成するために，以下の事業を行う。
　　(1) 年 1 回の研究大会の開催
　　(2) 年 1 回の研究機関誌『中世思想研究』の編集発行
　　(3) 国内および国外の関係学術団体との連携
　　(4) 原典その他の出版ならびに翻訳の発行
　　(5) 研究会，講演会，講座の開催
　　(6) 共同研究ならびに研究資料の調査
　　(7) その他必要な事業
　2　本会の事業年度は，毎年 4 月 1 日に始まり，翌年の 3 月 31 日に終わる。
　3　事業の詳細については，別途細則を定める。

（会員）

第 4 条　本会の会員は次の 2 種とする。
　　(1) 正 会 員　第 2 条の目的に賛同するもの
　　(2) 賛助会員　第 2 条の目的に賛同し，その事業を援助するもの
　2　会員の入会は申込により，評議会の承認を経て決定される。
　3　会員は所定の会費を払わなければならない。
　4　正会員は研究大会における研究発表への応募および研究機関誌への投稿の権利を有する。
　5　本会は会費の納入を遅滞している会員，または，研究不正など本会の名誉を著しく毀損する行為を行った会員に対して，その権利の制限，

除籍，又は除名を行うことがある。
6　会員の詳細については，別途細則を定める。

（役員）

第5条　本会に第4条第1項第1号の正会員より選出された次に掲げる役員をおく。

　　(1)　会　　　　長　1名
　　(2)　評　議　員　25名以下
　　(3)　推薦評議員　8名以下
　　(4)　理　　　　事　18名以下
　　(5)　監　　　　事　2名
　　(6)　編　集　委　員　若干名
　　(7)　情報システム委員　若干名
　　(8)　事　務　局　幹　事　若干名

2　会長は本会を代表し，本会の事業を統括する。会長は評議員の互選によって選出され，任期は2ヵ年とし，連続3期を超えないものとする。なお，その任期の始期は選出の翌日とする。

3　会長は，会長が事故あるときにその職務を代行する会長代行1名を，あらかじめ理事の中から指名しておくことができる。ただし，会長代行の任期は，当該会長代行を指名した会長の任期中とする。

4　評議員は正会員の投票により選出され，任期は2ヵ年とする。ただし，再任を妨げない。なお，その任期の始期は選出の翌日とする。

5　推薦評議員は理事会の委嘱により選出され，任期は2ヵ年とする。ただし，再任を妨げない。なお，その任期の始期は理事会による委嘱の翌日とする。

6　理事は評議員の互選により選出され，任期は2ヵ年とする。ただし，再任を妨げない。なお，その任期の始期は選出の翌日とする。

7　監事は年1回本会の会務を監査し，これを総会において報告する。監事は正会員の投票により選出され，任期は2ヵ年とし，連続2期を超えないものとする。また，監事は他の役員を兼務することができない。なお，その任期の始期は選出の翌日とする。

8　編集委員は評議会の委嘱により選出され，任期は2ヵ年とし，連続3

期を超えないものとする。なお，その任期の始期は評議会による委嘱の翌日とする。
  9 情報システム委員は評議会の委嘱により選出され，任期は2ヵ年とする。ただし，再任を妨げない。なお，その任期の始期は評議会による委嘱の翌日とする。
  10 事務局担当幹事は評議会の委嘱により選出され，任期は3ヵ年とする。ただし，特別な事由がない限り，連続して再任されることができないものとする。なお，その任期の始期は評議会による委嘱の翌年度4月1日とする。ただし，編集幹事に関しては，評議会による委嘱の翌日とする。
  11 役員選出の詳細については，別途細則を定める。

（総会）
第6条 本会は最高決議機関である総会を，年1回定期に開催し，本会の重要事項を審議決定する。
  2 必要があるときには評議会の議により臨時総会を開催することができる。
  3 総会は会長が招集する。

（評議会）
第7条 本会に評議員と推薦評議員からなる評議会をおき，会務を審議決定する。ただし，重要な事項については総会に諮らなければならない。
  2 評議会は会長が招集する。ただし，10名を超える評議員の書面による請求がある場合には，会長は評議会を招集しなければならない。
  3 評議会は，評議員と推薦評議員との総数の3分の2以上の出席（委任状を含む）によって成立し，議長は会長が務める。

（理事会）
第8条 本会に理事からなる理事会をおき，評議会の議を経て，会務を執行する。
  2 理事会は会長が招集する。ただし，5名を超える理事の書面による請求がある場合には，会長は理事会を招集しなければならない。
  3 理事会は，理事の総数の3分の2以上の出席（委任状を含む）によって成立し，議長は会長が務める。

(編集委員会)
第9条　本会に編集委員からなる編集委員会をおき，評議会の議を経て，本会研究機関誌の編集にあたる。
　　2　編集委員および編集委員会の詳細については，別途細則を定める。

(情報システム委員会)
第10条　本会に情報システム委員からなる情報システム委員会をおき，評議会の議を経て，本会の広報活動および情報システムの管理にあたる。
　　2　情報システム委員および情報システム委員会の詳細については，別途細則を定める。

(事務局)
第11条　本会に事務局担当幹事からなる事務局をおき，本会の庶務，会計，ならびに研究機関誌編集に関わる会務の執行を助ける。また，その所在地は3年ごとに評議会の議を経て決定さる。

(地方部会・専門委員会)
第12条　本会には必要に応じて地方部会又は専門委員会を設けることができる。

(規約変更)
第13条　本規約は評議会の提案により，総会の議を経て変更することができる。

(附則)
　本規約は2016年11月13日より施行する。

中世哲学会著作権規程

(2008年11月16日制定)
(この規程の目的)
第1条 この規程は,本学会発行の出版物に掲載された論文等(論文,解説記事等)に関する著作者の著作権の取り扱いに関して取り決めるものである。
(著作権の帰属)
第2条 本学会発行の出版物に掲載された論文等に関する著作権*は原則として,著作者から本学会への譲渡**により,本学会に帰属する。特別な事情により本学会に帰属することが困難な場合には,申し出により著作者と本学会の協議の上,措置する。
(不行使特約)
第3条 著作者は,以下各号に該当する場合,本学会と本学会が許諾する者に対して,著作者人格権を行使しないものとする。
  (1) 電子的配布における技術的問題に伴う改変
  (2) アブストラクトのみ抽出して利用
(第三者への利用許諾)
第4条 第三者から著作権の利用許諾要請があった場合,本学会において審議し,適当と認めたものについて要請に応ずることができる。
  2. 前項の措置によって第三者から本学会に対価の支払いがあった場合には,その対価は原則として著作者自身に帰属する。
(著作者の権利)
第5条 本学会が著作権を有する論文等の著作物を著作者自身が利用することに対し,本学会はこれに異議申し立て,もしくは妨げることをしない。
  2. 著作者が著作物を利用しようとする場合,著作者は本学会に事前に申し出を行った上,利用された複製物あるいは著作物中に本学会の出版物にかかる出典を明記することとする。ただし,元の論文等を25%以上変更した場合には,この限りではない。また,3項にかかわる利用に関しては事前に申し出ることなく利用できる。
  3. 著作者は,掲載された論文等について,いつでも著作者個人のWebサ

イト（著作者所属組織のサイトを含む。以下同じ。）において自ら創作した著作物を掲載することができる。ただし，掲載に際して本学会の出版物にかかる出典を明記しなければならない。

(著作権侵害および紛争処理)
第6条 本学会が著作権を有する論文等に対して第三者による著作権侵害（あるいは侵害の疑い）があった場合，本学会と著作者が対応について協議し，解決を図るものとする。

  2. 本学会発行の出版物に掲載された論文等が第三者の著作権その他の権利及び利益の侵害問題を生じさせた場合，当該論文等の著作者が一切の責任を負う。

(発効期日)
第7条 この規程は平成20年4月1日に遡って有効とする。なお，平成20年4月1日より前に掲載された論文等の著作権についても，著作者から別段の申し出があり，本学会が当該申し出について正当な事由があると認めた場合を除き，この規程の定めるところに準じて取り扱うものとする。

* 著作権とは，著作権法第二十一条から第二十八条に定められたものをいう。
** 著作者から本学会へ著作権に関する承諾書が提出されることにより，著作権の譲渡が行われる。

中世哲学会研究機関誌投稿規程

1　投稿期間
・研究機関誌発刊前年度の 12 月 15 日から 1 月 15 日まで。

2　投稿資格
・当該年度までの会費をすべて納入済みの中世哲学会正会員に限る。ただし、新入会員で、投稿期間時に、まだ会費を請求されていない者は除く。

3　原稿の種類
・投稿できる原稿の種類は下記の通りである。投稿者は、投稿時に、原稿の種類を指定すること。
・投稿者が原稿の種類を指定していない場合、編集委員会がこれを判断する。

3.1　「論文」
・一次文献の精確な読解に基づき、論理的首尾一貫性をもって執筆され、研究史の中で新たな貢献として位置づけられるもの。
・上記の評価基準のどれか一つについて卓越しており、本機関誌に掲載することが有意義と認められるものを「研究論文」として掲載することがある。この判断は、編集委員会が行う。

3.2　「サーヴェイ論文」
・ある分野についての最近の研究状況を網羅的にまとめて紹介し、会員への情報提供に資することを目的とする論文。

3.3　「研究ノート」
・主として、比較的短い原典テキストの文献学的分析など、論文の体裁は取らないが、研究上有益と認められるもの。

3.4　「討論」
・本機関誌に掲載された論文その他についてのディスカッション。

3.5　「書評」
・最近出版された書籍の紹介。

3.6　その他

・「海外学会報告」など。上記以外のジャンルの原稿を投稿したい場合には，事前に本会事務局に相談されたい。

4　投稿の制限

・前年度の本研究機関誌に論文・サーヴェイ論文が掲載された者は論文・サーヴェイ論文を投稿することができない。
・同一年度に複数の論文・サーヴェイ論文を投稿することはできない。
・(1)前年度の本研究機関誌に論文・サーヴェイ論文が掲載された者が，他の種類の原稿を投稿すること，および，(2)同一年度に論文・サーヴェイ論文と他の種類の原稿とを投稿することについては，原則的にこれを制限するものではないが，この場合については，事前に本会事務局に相談されたい。
・なお，本会よりの依頼原稿については上記制限の範囲外とする。

5　原稿の書式

・原稿のサイズは A4，文字の大きさは，10 ポイントから 11 ポイントとし，40 字×40 行，横書きに整形する。
・注や参考文献などもすべてこの書式にすること。注については，ワープロ等の脚注機能を用いず，本文末にまとめて，上に定めた書式で記すこと。
・ワープロ等の文字カウント機能などに頼らず，必ず投稿者が，実際の原稿の文字数と行数を確認すること。

〈細則〉

1) 等幅フォントを用いて，1 行 40 字（欧文文字は 0.5 字換算），1 ページ 40 行でレイアウトすること。ワープロソフトを使用する場合，ページレイアウトで 40 字・40 行に設定していても，実際には，それ以上の文字数が含まれる場合がある。

2) ワープロソフトの脚注機能を用いず，本文末にまとめて記すこと。脚注機能では，注部分のフォントサイズや行間隔が本文と異なることで 1 ページあたりの文字数が本文より多くなる場合がある。

3) 原稿において行間等を開ける場合，空白行も分量に含まれる。

6 原稿の分量

- 原稿の分量の上限は，上記の書式に整形した場合のページ数による。
- 「論文」「サーヴェイ論文」10ページ（原稿とは別に，400 語程度の欧文レジュメを付すこと。）
- 「研究ノート」5ページ
- 「書評」2.5ページ
- 「討論」2ページ

7 投稿の方法

- 原稿は，中世哲学会ホームページの投稿フォームページからアップロードし投稿すること。

  投稿フォームページ：

  http://jsmp.jpn.org/activity/submission/

- ただしなんらかの理由で困難な場合はメールによる投稿も認める。原稿（欧文要旨を含む）と，下記必要事項を記入したファイルとを添付した電子メールを，論文投稿用アドレスへ送付すること。

  論文投稿用アドレス：journal@jsmp.jpn.org

  必要事項：

  - 氏名，ふりがな，郵便番号，住所，メールアドレス，電話番号
  - 原稿の欧文タイトル，投稿者の欧文氏名
  - 原稿の種類（論文，サーヴェイ論文，研究ノート，討論，書評，その他の別）
  - 論文内容を表すキーワード（3~5ヶ）

- 媒体（USB メモリなど）送付での投稿を希望する場合は，事前に事務局まで申し出ること。
- 提出するデジタル原稿は，(a)PDF ファイル，または(b)Microsoft Word ファイルとする。可能な場合には，(c)テキストファイルも提出すること。なお，複数のファイルを提出する場合には，ファイル間で内容上の相違がないように留意すること。
- 手書き原稿，タイプ原稿，ワープロ専用機で作成した原稿等は受けつけない。
- 原稿は，可能な限り「『中世思想研究』原稿執筆のガイドライン」に従って執筆すること。

8 審査

1. 論文・サーヴェイ論文の査読
- 査読は，編集委員会が査読者を決定して行なわれる。なお，査読者についての情報は非公開とする。
- 本規程の1投稿期間，2投稿資格，4投稿の制限，5投稿の書式，6投稿の分量，7投稿の方法に記された条件を満たさない場合は査読の対象とならない。
- 査読結果は，(a)採用，(b)書き直し再投稿，(c)不採用，の3種類とする。書き直し再投稿となった投稿者は，定められた期間内に当該原稿を書き直して再投稿することにより，再査読を受けることができる。
- 査読結果の通知は，4月中旬頃の予定。

2. その他の原稿の審査
- 上記受付期間内に到着した原稿について，編集委員会は審査を行なう。
- 審査結果の通知は，4月中旬頃の予定。

9 投稿の際の注意

- 原稿は原則として公刊されていないものでなければならない。ただし本会，および他の学会，研究会等で口頭発表のみが行われている場合には投稿を許可する。この場合には，論文の注などで，その旨を明記すること。
- 論文・サーヴェイ論文の投稿に関して，欧文要旨は，あらかじめネイティブスピーカーのチェックを受けることを必須とする。査読後，掲載が決定したのちにネイティブチェックの証拠となるもの（メール文面なども認める）を提出すること。

10 その他

- 投稿原稿の言語は原則として日本語とする。
- 本研究機関誌に投稿された原稿の著作権については，「中世哲学会著作権規程」に従う。
- 本規程の変更は，編集委員会がこれを行い，理事会に報告する。

【付則】
本規程は『中世思想研究』第 61 号から適用するものとする。

(承認　2016 年 12 月 10 日理事会)

(改定　2017 年 6 月 17 日編集委員会)

(改定　2018 年 4 月 14 日編集委員会)

(承認　2018 年 6 月 16 日理事会)

Summaries

The Neoplatonic Notion of "Self-Constituted" and Its Reception in Arabic Philosophy

Yohei Nishimura

The *Book of the Pure Good* (later known as *Liber de Causis*) was composed in the Kindī-Circle around the 9th century. It is an Arabic translation and adoption of the *Elements of Theology* written by a Greek Neoplatonic philosopher of the 5th century, Proclus. The author follows Proclus and his philosophical system of Neoplatonism for the most part. "Self-constituted being" is one of the notions that is accepted. In this article, I explore how it is possible for an Arabic philosopher, who holds the view that God is the supreme cause of everything, to accept the typical Neoplatonic notion of "self-constituted," which seems to contradict God's causality.

I examine what the self-constituted being is in the philosophy of Proclus, focusing on two points. First, it has an anti-Aristotelian implication. For Aristotle, primary beings are those that are composed of form and matter. However, according to Proclus, such a being needs a cause other than itself that bestows a form for its constitution. The self-constituted being has no cause other than itself for its constitution. Proclus identifies the Intellect and the Soul as self-constituted beings.

Another important aspect of the self-constituted being is that it can attain its own perfection. One's soul, for example, owes what it is to be a soul to nothing other than itself, and this means for Proclus that it has a goodness just by being a soul. Although Proclus admits that the One and the Intellect are causes for the soul's oneness and intellectual activity, the soul is self-constituted inasmuch as it is the cause of itself being a soul.

When the Arabic author adopts the self-constituted being, he regards that being as having its own perfection. In this aspect, he follows Proclus. Nevertheless, the author has to cope with the problem that the self-constituted may be incompatible with the Arabic theology of God's creation. He solves the problem by dividing the roles of God's causation and other causes: God creates the being of everything, and the self-constituted being is a cause for itself and other beings regarding their forms. The self-constituted is a thing created by God, but it has form by itself. Thus, the adopter conceptualizes the self-constituted in the Aristotelian form-matter system, against which the notion of self-constituted is originally developed by Proclus.

Aquinas on the Usage of Analogy and Metaphor

Mariko Uchiyama

In this paper, I aim to clarify the criteria used to distinguish between analogical and metaphorical language usage in Thomas Aquinas. A metaphor is a kind of analogical language usage, and many metaphors are used in situations where something is presented as being symbolic of God. In such descriptions of God, if we try to strictly distinguish between analogical and metaphorical language use, the standards are relatively clear: it is the presence or absence of imperfection that is the determining factor. While in analogical language usage (e.g., God is good), imperfections are not implied in the signification of the name "good," whereas in metaphorical language usage (e.g., God is a lion), imperfections are implied in the signification of the name "lion" because a lion is a unique name for a creature. In describing creation, however, the distinction between analogical and metaphorical language use is not clear. In fact, the answer to the question: Why the word "health," which is frequently used by Aquinas as an example of analogical language usage, is not metaphorical but analogical, is not explicitly shown. The purpose of this paper is to inquire for this answer.

My argument proceeds as follows. First, I refer to the place where Aquinas expressly points to examples of metaphorical language usage of creatures, and explore the conditions under which something is metaphorically presented. From this, two conditions are provided: one is to have a formal similarity relationship with a certain thing in some manner, and the other is that the signification of the word does not contain the word itself or the nature of the word. For example, when assigning the word "lion" to a lion, since the nature of the word "lion" (a large non-rational animal from the Felidae family) and the nature of a lion match, this is not metaphorical language usage. On the other hand, when assigning the word "lion" to a person, the word "lion" indicates that that person is brave, and its content does not include the word "lion" or the nature of a lion, therefore it is metaphorical language usage.

Secondly, I schematize the process of metaphorical language usage based on the two conditions presented above, and aim to demonstrate more clearly the difference between analogical and metaphorical language usage of creatures.

Finally, I draw the conclusion that whether the word itself is included in the concept of the object that is denominated by the word or not, is one of the important criteria that can be used to distinguish the two language usages.

The Concept of aevum in the Thought of Thomas Aquinas

Ryoji Sugawara

The concept of aevum in medieval philosophy is the measure of duration which is situated between eternity, which measures God, and time, which measures corporal creatures. Aevum measures spiritual creatures and celestial bodies. Before the 1990s, aevum had not attracted the attention of researchers and little study on this concept had been carried out. However, Pasquale Porro's study was published in 1996. This study traced the philosophical history of the establishment of aevum and provided a brief sketch on each medieval philosopher's understanding on this concept. After Porro's research on aevum, the philosophical studies took on the tendecy of posing a problem and deeply examining this concept. For example, this period saw the publication of collected papers (2001) edited by Porro, and a monograph by Fox (2006). This is the current reseach trend in aevum studies.

In the context of this trend, how has Thomas Aquinas's conception of aevum been considered by researchers? Previous studies pointed out that in the 13th-century, understanding on aevum was divided into extensionalism and non-extensionalism. Extensionalism considers aevum as having parts similar to how a line has points. In contrast, non-extensionalism considers aevum as having no parts like a point. In many studies, Aquinas is regarded as a proponent of the non-extensionalism school of thought. However, in those studies, it is also commonly affirmed that Aquinas does not have a unified and consistent view on aevum: that is to say, the concept of Thomistic aevum changes in each of his texts. For example, Porro (1996) affirmed that there are two models of Thomistic aevum, and Fox (2006) affirmed the periodic changes of this conception in Thomistic texts. As a consequence of this type of interpretations, Thomistic aevum often receives a negative evaluation.

The main objective of this paper is to present a unified theory of aevum in the works of Aquinas. Certainly, when Aquinas distinguishes aevum from eternity, it seems that Aquinas presents different determinations of aevum in each text. Interpretations of Porro and Fox depend on this fact. However, in my opinion, Aquinas's theory of aevum can be unified into a consistent one. My paper is outlined as follows. First, we will examine determinations of aevum in each text: *In Sententias, Quodlibet* and *Summa Theologiae*. These works confirm that there is a gap in the determinations of aevum. Second, the paper will show that determinations of aevum can be interpreted by a unified model. This model shows that aevum is determinated on the basis of the characteristic of actuality, which is measured by aevum. Lastly, we will try to invent a definition that is comprehensive of the Thomistic conception of aevum in reference to Boethius's definition of eternity and Thomistic comments on it.

Copula and Actuality in the History of Commentary on *De Interpretatione*: From Boethius to Scotus

Keisuke Furudate

Duns Scotus said, "When the verb *est* predicates the third, it is neither the subject, the part of subject, the predicate, nor the part of predicate. It signifies that the predicate actually is the same to subject." (Questions on *De Interpretatione* II, L. 1, Q. 5). In the early middle ages, commentators (Boethius and Abaelard) said that the verb *est* does not have signification, but instead has the function of acting as copula. In the later middle ages, commentators (Thomas Aquinas and Duns Scotus) said that the verb *est* has signification and also the function of acting as copula. They also said that the significate of the verb *est* is "actuality".

Aristotle, the author of *De Interpretatione*, did not use the term "copula" or "actuality". So, the historical formation of these terms is interesting.

Today as well, philosophers discuss actuality by comparing it with possibility. However, neither Thomas nor Scotus compare actuality as copula with possibility. So, their concept of actuality and our concept of actuality may be different. This is an interesting topic as well.

In this paper, we will survey the commentaries on *De Interpretatione* written by Boethius, Abaelard, Aquinas, and Scotus. We will show the significance of this history from a linguistical and philosophical point of view.

Boethius and Abaelard thought that the predication is composed not by concepts, but by something else. Against them, Thomas and Scotus thought that predication is composed by the concept of "actuality". In other words, they introduced the concept of "actuality", which was not treated as a concept before. We cannot tell whether or not this was actually for the best from a linguistical point of view. The sentence has one property that the word does not have: every speaker experiences this property through the action of the predicate. That is conformity with the thing. This conformity has been conceptualized as "actuality" by Thomas and Scotus.

Two Negative Theologies in Nicholas of Cusa's *De docta ignorantia*

Katsumi Shimada

In *De docta ignorantia* (1440), Nicholas of Cusa seems to have two kinds of "negative theology". He writes that "it is clear that in theological matters negations are true and affirmations are inadequate" (I, 26) on the one hand, while he states that "the absolutely maximum... is beyond all affirmation and all negation" (I, 4) on the other. Although the former gives the momentum of negation a priority over that of affirmation, the latter clearly focuses on God as the absolute maximum that transcends both momenta. How, then, do we make sense of this apparent inconsistency found in his *magnum opus*? The paper argues that at the time of writing of the book, Nicholas was yet to have a clear understanding of negative theology in general, and furthermore, of the so-called *Corpus Dionysiacum* in particular, from which he learned the basic premises of this distinctive way of talking about God.

To illuminate possible implications of the conflict between these two accounts of negative theology, the paper distinguishes what I call a "metaphysical argument" in which the priority is given to negative theology over positive one, from a "logical argument" in which Nicholas highlights the transcendent that goes beyond both positive and negative ways of describing God. In the former argument, Nicholas asserts that affirmative names are appropriate for God, not because God is the cause (*causa*) of the creatures, but because the absolute maximum has the infinite potency (*infinita potentia*) or supreme potency (*summa potentia*). However, since those names have no positive cause (*causa positiva*) in the creatures themselves, negative theology is indispensable for describing God, so that idolatry in which God is worshiped as explicated in them is adequately avoided.

Meanwhile, in the "logical argument," Nicholas argues that since reason (*ratio*) as the basis of all names works via the momentum of opposition (*oppositio*), it is never able to transcend the contradictories (*contradictoria*). Therefore, we see beyond all rational inference that God as the absolute maximum, to which nothing is opposed and with which the minimum coincides, is infinite. We could approach God who is beyond the Aristotelian law of contradiction only by means of surpassing both negative and affirmative theologies.

The argument this paper makes has hardly been discussed by the previous Cusanus researches. It seems, however, that it is of vital significance for the understanding of Nicholas's theological-philosophical achievements, given his lasting interest in the Dionysian negative theological discourse.

中世哲学会役員

会　　長	川添　信介			
評議員 (＊＝理事)	阿部　善彦 川添　信介＊ 佐藤　直子＊ 鶴岡　賀雄 藤本　温 山内　志朗	上枝　美典＊ 桑原　直己＊ 周藤　多紀 出村　和彦 松﨑　一平 山崎　裕子＊	荻野　弘之 河野　一典 辻内　宣博＊ 永嶋　哲也＊ 松根　伸治 山口　雅広	加藤　和哉＊ 小林　剛 土橋　茂樹＊ 樋笠　勝士＊ 矢内　義顕＊ 山本　芳久
監　　事	小川　量子	山田庄太郎		
編集委員 (＊＝委員長)	加藤　和哉 山崎　裕子	土橋　茂樹＊	藤本　温	松﨑　一平
情報システム委員 (＊＝委員長)	上枝　美典＊ 永嶋　哲也	小山田圭一 藤本　温	辻内　宣博	
推薦評議員	井澤　清 須沢かおり	井上　淳 出村みや子	荻原　理 松村　良祐	島田佳代子
事務局幹事	(庶務) 小山田圭一 (会計) 内山真莉子 (編集) 永嶋　哲也		石田　隆太	

〔中世思想研究 60〕　　　ISBN978-4-86285-938-9

平成30年9月10日　印刷
平成30年9月15日　発行

編集代表者　　川　添　信　介
発　行　者　　中　世　哲　学　会
　　　　　　　〒108-8345　東京都港区三田2-15-45
発　行　所　　慶應義塾大学文学部
　　　　　　　中世哲学会事務局
　　　　　　　メールアドレス　office@jsmp.jpn.org
　　　　　　　振替　00130-2-251231
制作・発売　　株式会社知泉書館
　　　　　　　〒113-0033　東京都文京区本郷1-13-2
　　　　　　　Tel 03-3814-6161　Fax 03-3814-6166